DEDICATÓRIA

Dedico este livro a você, _____.
Com ele, desejo que você descubra que cada ser humano
possui uma beleza física e psíquica original e particular.
Que aprenda diariamente a ter um caso de amor
com a pessoa bela que você é,
que desenvolva um romance com a sua própria história.
Não se compare a ninguém, pois cada um
de nós é um personagem único no teatro da vida.

_____ __/__/__

AUGUSTO CURY

A ditadura da beleza

e a revolução das mulheres

SEXTANTE

Copyright © 2005 e 2024 por Augusto Jorge Cury

Todos os direitos reservados. Nenhuma parte deste livro pode ser utilizada ou reproduzida sob quaisquer meios existentes sem autorização por escrito dos editores.

edição: Regina da Veiga Pereira
revisão: Ana Grillo, Débora Chaves, José Tedin Pinto, Raïtsa Leal e Sérgio Bellinello Soares
diagramação e capa: Editora Sextante
imagem de capa: Piotr Marcinski / Arcangel
impressão e acabamento: Lis Gráfica e Editora Ltda.

CIP-BRASIL. CATALOGAÇÃO NA PUBLICAÇÃO
SINDICATO NACIONAL DOS EDITORES DE LIVROS, RJ

C988h

Cury, Augusto, 1958-
  A ditadura da beleza e a revolução das mulheres / Augusto Cury. - [2. ed.]. - Rio de Janeiro : Sextante, 2024.
  208 p. ; 21 cm.

  ISBN 978-65-5564-767-9

  1. Imagem corporal em mulheres. 2. Beleza física (Estética). 3. Autoestima. 4. Autoaceitação. I. Título.

	CDD 305.42
23-85887	CDU 316.346.2-055.2:616-007.71

Todos os direitos reservados, no Brasil, por
GMT Editores Ltda.
Rua Voluntários da Pátria, 45 – 14º andar – Botafogo
22270-000 – Rio de Janeiro – RJ
Tel.: (21) 2538-4100
E-mail: atendimento@sextante.com.br
www.sextante.com.br

PREFÁCIO À NOVA EDIÇÃO

Ao longo da história da humanidade, ninguém sofreu tanto preconceito, foi tão asfixiado em seus direitos e sofreu ataques tão cruéis quanto as mulheres. Em diversas civilizações, elas eram apedrejadas em praça pública quando se desviavam dos comportamentos esperados pelos homens. Mas que parâmetros esses homens usavam? O ódio, o preconceito voraz e o instinto animalesco. Em outras civilizações, elas eram queimadas, consideradas indignas de existir.

Estatisticamente, as mulheres adoecem mais do que os homens. Seria porque são um sexo frágil? Não, porque são poderosas emocionalmente! Elas costumam se doar muito mais para o parceiro, para os filhos, para os pais e para a sociedade. E todo soldado no front é mais facilmente alvejado.

Há décadas tenho denunciado as atrocidades cometidas contra as mulheres. Discorri sobre isso em diversos livros, no cinema e em quatro peças teatrais que foram adaptadas das minhas obras. E com toda a carga volto a discutir esse importantíssimo assunto nesta nova edição de *A ditadura da beleza e a revolução das mulheres*.

No século passado, tentando saldar sua dívida impagável, o sistema machista e autoritário deu às mulheres o direito de votar, estudar e trabalhar. E elas rapidamente foram muito longe e ocuparam todos os espaços. Tudo parecia um céu azul, mas logo a tempestade voltou. O sistema deu com uma mão e tirou com a outra, criando um padrão estético impossível e tirânico, usando modelos magérrimas, esquálidas e muitas vezes desnutridas como referência de beleza. E as consequências desse uso ultrajante e inumano da imagem feminina foi devastador. Hoje, cerca de 70 milhões de pessoas sofrem de transtornos alimentares, como anorexia, bulimia e vigorexia (quando alguém malha exageradamente e/ou usa anabolizantes para ter um corpo "perfeito") – a maioria mulheres jovens.

Minha área de pesquisa se concentra no fenômeno inconsciente chamado Registro Automático da Memória. Nesse contexto, ele registra a imagem das modelos no solo da memória, gerando no inconsciente coletivo um transtorno emocional que eu chamo de Síndrome PIB – Padrão Inatingível de Beleza. A PIB produz sintomas dramáticos, como autopunição, autocobrança, sentimento de abandono, humor depressivo, baixa autoestima e destruição da autoimagem.

Que neste romance psiquiátrico você possa se emocionar e se conscientizar de que a beleza é seu patrimônio, de que padrões estéticos são cruéis e manipuladores, de que toda pessoa é bela à sua maneira.

Cada mulher deveria se sentir segura para olhar nos olhos de seu parceiro e dizer "Eu sou linda, inteligente, maravilhosa e encantadora! Você é um privilegiado de viver comigo!"

É tempo de derrubar a ditadura da beleza e ser livre...

Eu não me curvaria diante de reis, políticos e celebridades, mas me curvo humildemente diante de todas as mulheres do mundo. Em especial diante daquelas que estão à minha volta, que trabalham comigo, e também da minha esposa, minhas três filhas e minha querida mãe.

Sem as mulheres, nosso céu social não teria estrelas, nossa mente não teria criatividade e nossa história não teria aventuras.

Um beijo no coração,
Augusto Cury
Janeiro de 2024

Apresentação

Durante mais de três décadas tenho investigado como psiquiatra e pesquisador da psicologia a última fronteira da ciência: o mundo onde se constroem os pensamentos e são geradas a inteligência e a consciência. E, apesar de ser considerado um autor de sucesso e de ter meus livros publicados em dezenas de países, não me sinto um profissional realizado, pois tenho enxergado um massacre emocional nas sociedades modernas que vem me tirando o sono e perturbando minha tranquilidade.

Por pesquisar a mente humana e tratá-la, tenho denunciado esse massacre sutil e sórdido em congressos nacionais e internacionais. Agora chegou a vez de escrever sobre ele. Preferi escrever em forma de ficção em vez de produzir um texto de divulgação científica, pois sinto necessidade de recriar imagens inesquecíveis que estão na minha mente. Imagens de pessoas que dilaceraram seu prazer de viver e sua liberdade.

Cada capítulo é um grito que ecoa da minha alma. Usei dados reais na construção deste romance. Através de emoções intensas e de aventuras excitantes, meu objetivo é dissecar um câncer social que tem feito literalmente centenas de milhões de seres humanos infelizes e frustrados – em especial mulheres e adolescentes.

Vivemos aparentemente na era do respeito aos direitos humanos, mas, por desconhecermos o teatro da nossa mente, não percebemos que jamais esses direitos foram tão violados nas sociedades democráticas. Estou falando de uma terrível ditadura que oprime e destrói a autoestima do ser humano: a ditadura da beleza. Apesar de serem mais gentis, altruístas, solidárias e tolerantes do que os homens, as mulheres têm sido o alvo preferencial dessa dramática ditadura. Milhões de mulheres sentem-se escravas dessa masmorra psíquica. É a maior tirania de todos os tempos e uma das mais devastadoras da saúde psíquica.

O padrão inatingível de beleza amplamente difundido na TV, nas revistas, no cinema, nos desfiles, nos comerciais, penetrou no inconsciente coletivo das pessoas e as aprisionou no único lugar em que não é admissível ser prisioneiro: dentro de si mesmas.

Tenho bem nítida na mente a imagem de jovens modelos que, apesar de supervalorizadas, odiavam seu corpo e pensavam em desistir da vida. Recordo-me de pessoas brilhantes e de grande qualidade humana que não queriam frequentar lugares públicos, pois se sentiam excluídas e rejeitadas por causa da anatomia do seu corpo.

Recordo-me dos portadores de anorexia nervosa que tratei. Embora magérrimos, reduzidos a pele e ossos, controlavam os alimentos que ingeriam para não "engordar". Como não ficar perplexo ao descobrir que há dezenas de milhões de pessoas nas sociedades abastadas que, apesar de terem uma mesa farta, estão morrendo de fome, pois bloquearam o apetite devido à intensa rejeição por sua autoimagem?

Essa ditadura assassina a autoestima, asfixia o prazer de viver, produz uma guerra com o espelho e gera uma autorrejeição profunda. Inúmeras jovens japonesas repudiam seus traços orientais. Muitas mulheres chinesas desejam a silhueta das mulheres ocidentais. Por sua vez, mulheres ocidentais querem ter a beleza incomum e o corpo magríssimo das adolescentes das passarelas, que frequentemente são desnutridas e infelizes com a própria imagem. Mais de 98% das mulheres não se veem belas. Isso não é uma loucura? Vivemos uma paranoia coletiva.

Os homens controlaram e feriram as mulheres em quase todas as sociedades. Considerados o sexo forte, são na verdade seres frágeis, pois só os frágeis controlam e agridem os outros. Eles produziram uma sociedade de consumo que usa o corpo da mulher, e não sua inteligência, para divulgar seus produtos e serviços, gerando um consumismo erótico. Esse sistema não tem por objetivo produzir pessoas resolvidas, saudáveis e felizes; a ele interessam as insatisfeitas consigo mesmas, pois quanto mais ansiosas, mais consumistas se tornam.

Até crianças e adolescentes são vítimas dessa ditadura. Com vergonha de sua imagem, angustiados, consomem cada vez mais produtos em busca de fagulhas superficiais de prazer. A cada segundo destrói-se a infância de uma criança no mundo e se assassinam os sonhos de um adolescente. Desejo que muitos deles possam ler esta obra para poderem escapar da armadilha em que, inconscientemente, correm o risco de ficar aprisionados.

Qualquer imposição de um padrão de beleza estereotipado para alicerçar a autoestima e o prazer diante da autoimagem produz um desastre no inconsciente, um grave adoecimento emocional. Autoestima é um estado de espírito, um oásis que deve ser procurado no território da emoção. Cada mulher, homem, criança e adolescente deveria ter um caso de amor consigo mesmo, um romance com a própria vida, pois todos possuem uma beleza física e psíquica particular e única.

Essa frase não é um jargão literário pré-fabricado, mas uma necessidade psiquiátrica e psicológica vital, pois sem autoestima os intelectuais se tornam estéreis, as celebridades perdem o brilho, os anônimos ficam invisíveis, os homens transformam-se em miseráveis, as mulheres não têm saúde psíquica, os jovens esfacelam o encanto pela existência.

Em breve encerraremos nossa vida no pequeno "parêntese" do tempo que nos cabe. Que tipo de marcas transformadoras vamos imprimir no mundo em que vivemos? Precisamos deixar ao menos a certeza de que não fomos escravos do sistema social, de que vivemos uma existência digna e saudável, lutando contra uma cultura que se tornou uma fábrica de pessoas doentes e insatisfeitas.

É necessário fazer uma revolução inteligente e serena contra essa dramática ditadura. Os homens, embora também vítimas dela, são inseguros para realizá-la. Essa batalha depende sobretudo das mulheres. Neste romance, apoiadas por dois fascinantes pensadores, um psiquiatra e um filósofo, elas empreendem a maior revolução da História. Porém pagam um preço altíssimo, pois têm que enfrentar predadores implacáveis.

Para fazer essa revolução internacional saturada de aventuras, lágrimas e alegrias, elas se inspiram no homem que mais defendeu as mulheres em todos os tempos: Jesus Cristo. Descobrem que o Mestre dos Mestres correu dramáticos riscos por elas. Ficam fascinadas ao saber que ele teve a coragem de fazer das prostitutas seres humanos da mais alta dignidade, e das desprezadas, princesas.

Augusto Cury
Outubro de 2005

Capítulo 1

A belíssima Sarah saiu cambaleante do seu quarto e entrou subitamente na ampla sala do apartamento. Seus cabelos longos e encaracolados estavam revoltos; os olhos, fundos; a pele, pálida; e a respiração, ofegante. A modelo estava quase irreconhecível. Ao vê-la, Elizabeth, sua mãe, assustou-se. Assombrada, deixou cair a revista das mãos e soltou um grito.

– Sarah! O que aconteceu, minha filha? – Havia um tom de desespero em sua voz.

– Nunca mais perturbarei você. – A voz saiu frágil e pastosa, enquanto a jovem desfalecia nos braços da mãe.

– Sarah! Sarah! Fale comigo! – clamava Elizabeth com o coração palpitando, um nó na garganta e o semblante tenso. Tentou acordar a filha do sono profundo do qual parecia não haver retorno.

Elizabeth colocou Sarah sobre o sofá. Pegou o celular, mas seus dedos trêmulos mal conseguiam digitar os números. A angústia roubara-lhe a coordenação motora. Uma simples tarefa parecia impossível.

Momentos depois, a ambulância chegou. Ao ver o médico e os enfermeiros, Elizabeth bradou:

– Salvem minha filha! – As lágrimas molharam todo o seu rosto. Chorando, ela repetia: – Não a deixem morrer. Por favor, não a deixem morrer...

O médico rapidamente auscultou o coração da moça. Descompassado, ele ainda batia. A ambulância seguiu célere para o hospital. Alguns momentos podem determinar os capítulos mais importantes de uma vida. Aqueles minutos tiveram um sabor eterno. O trajeto, que era curto, parecia interminável. O som da sirene, que sempre fora apenas desconfortável, agora agredia os ouvidos de Elizabeth. Ela queria acordar do pesadelo, mas a realidade era crua e angustiante.

~

No dia seguinte a neve caía suavemente, pousando sobre os galhos das árvores, substituindo as folhas como flocos de algodão, produzindo uma paisagem fascinante. O psiquiatra Marco Polo contemplava a paisagem branquíssima pela vidraça, quando sua secretária veio lhe comunicar que uma mãe, em prantos, desejava falar-lhe. Sempre sensível diante da dor, ele se levantou, foi até a sala de espera, cumprimentou gentilmente a mulher desesperada e pediu-lhe que entrasse.

Elizabeth sentou-se diante dele, olhou-o intensamente, mas estava paralisada e não conseguia pronunciar qualquer palavra. As palavras, porém, eram dispensáveis, pois os músculos contraídos da face acusavam sua angústia, e as lágrimas que desciam pelo rosto, abrindo sulcos na maquiagem, revelavam sua dor. Para Marco Polo, o templo do silêncio era o ambiente mais eloquente para expressar a força dos sentimentos. Por isso, ofereceu-lhe um lenço e também o seu silêncio. O lenço, para que ela enxugasse os olhos, e o silêncio, para permitir-lhe penetrar nas vielas da sua personalidade numa tentativa de enxergar o invisível, o essencial.

Momentos depois, Elizabeth proferiu as primeiras palavras com a voz trêmula:

– Minha filha, Sarah, de 16 anos, tentou desistir da vida. Está internada num hospital. Estou chocada! – falou como se enfrentasse o mais angustiante terremoto emocional. Abalada, continuou: – Não entendo o gesto dela. Dei tudo para essa menina. Ela foi tratada como uma princesa, mas nada a satisfaz. Ela se traiu e me traiu... – Suas palavras revelavam um sentimento que alternava compaixão e raiva pela atitude da filha.

Elizabeth tinha 42 anos e estava separada havia três. A separação dos pais não afetara a relação de Sarah com a mãe, pois o ambiente entre as duas já era péssimo. O pai sempre fora alienado, pouco afetivo, negativista, culpando permanentemente os outros por seus erros. Nunca tivera êxito em seus projetos e frequentemente precisara do dinheiro da esposa para pagar suas contas. Elizabeth suportara o fracasso do marido, mas não a infidelidade. Quando soube que ele a traía, rompeu a relação.

A distante relação de Sarah com o pai contrastava com a borbulhante relação com a mãe, pautada por atritos, discussões e acusações. Em alguns momentos, Sarah ameaçava ir morar com o pai, mas, mesmo vivendo numa praça de guerra, mãe e filha não se abandonavam, não conseguiam ficar longe uma da outra. O apartamento belíssimo e espaçoso era pequeno para conter os conflitos entre elas. Indignada e sofrida, Elizabeth apresentou a Marco Polo os paradoxos entre sua profissão e o mundo da filha.

– Estou triste e perplexa com tudo que está acontecendo. Escrevo reportagens sobre autoestima e felicidade, mas minha filha não tem prazer de viver. Oriento jornalistas que trabalham comigo para valorizar o corpo da mulher, exaltar a beleza e a sensualidade, mas minha filha detesta o próprio corpo, apesar de todos a acharem linda.

Ela fez uma pausa para respirar, e ele, uma pausa para pensar.

– Qual é o seu trabalho, Elizabeth? – perguntou Marco Polo impressionado com o contraste que ela descrevia. Queria entender se o ambiente profissional e social da mãe exercera influência no processo de formação da personalidade da filha.

– Sou gerente editorial da revista *Mulher Moderna*. – A informação veio sem o entusiasmo com que sempre exaltava seu trabalho.

Os olhos de Elizabeth eram verdes; seus cabelos, pretos e longos, suavemente ondulados. Era uma bela mulher e uma executiva de sucesso. Ocupava a gerência editorial de uma das mais importantes revistas para o público feminino dos Estados Unidos, sediada em Nova York. Organizava a pauta, as matérias e estabelecia a linha editorial das reportagens. Coordenava um batalhão de jornalistas, fotógrafos e outros profissionais.

Ganhara muitos prêmios ao longo de sua carreira. Era determinada, criativa, sabia tomar decisões e assumir riscos. Esforçava-se para trabalhar em equipe e motivar pessoas, mas não gostava de ser questionada, tinha tendência a concentrar poder e exercer autoridade. Tinha caráter forte e inteligência brilhante. Sarah era sua única filha. Queria controlá-la e influenciá-la, como fazia com os profissionais da sua equipe, mas não conseguia.

Em seguida, suspirando, Elizabeth continuou a descrever seu inconformismo.

– Sarah está no início da carreira de modelo. Tem uma trajetória magnífica pela frente no mundo da moda. Milhares de garotas desejariam estar no lugar dela. Como pode jogar tudo para o alto? – disse, expressando sua perplexidade. E fez ao psiquiatra a pergunta que fazia a si mesma, tentando achar o fio condutor da crise da filha: – Como é que alguém que foi amada, que teve todos os brinquedos, que não passou por perdas ou privações, uma menina sociável que frequentou festas e se destacou como aluna na escola pode detestar a si mesma e a vida? Eu não compreendo as reações de Sarah.

Elizabeth era uma mulher pragmática, gostava de explicações lógicas, e não conseguia entender o comportamento de Sarah, ilógico aos seus olhos. Não admitia ter uma filha emocionalmente doente e muito menos ter contribuído para essa doença. Apesar de ser uma executiva brilhante, não sabia olhar para o espelho da própria alma nem velejar para dentro do seu ser, reconhecendo suas falhas e percebendo suas fragilidades.

Para a mãe, o sucesso da filha como modelo coroaria seu sucesso profissional. O fracasso de Sarah colocaria em xeque sua filosofia de vida. Chegava a achar que a jovem simulava alguns comportamentos doentios para que ela, como mãe, girasse em sua órbita. Pensava assim quando observava a filha vivendo momentos alegres e descontraídos com as amigas. Não conseguia acreditar que ela realmente estivesse numa crise depressiva. Porém, a ultima atitude de Sarah a abalara profundamente, mudando seu pensamento.

– Vocês conseguem penetrar uma no mundo da outra? – perguntou Marco Polo sem meias-palavras, tentando decifrar o código secreto da relação entre mãe e filha.

– Doutor, minha filha é impenetrável. Quando começo a falar algo, ela interrompe minhas palavras dizendo que já sabe. Nenhum conselho tem impacto, nenhuma orientação é bem recebida. Sinto-me uma intrusa, uma chata que invade sua privacidade. Parece que ela tem prazer em me agredir.

– Nenhuma personalidade é impenetrável. Depende da chave que você usa – disse serena e sabiamente o psiquiatra.

Elizabeth reagiu diante dessas palavras:

– É fácil falar de uma pessoa que você não conhece. Se vivesse com minha filha, certamente não suportaria a agressividade dela.

Marco Polo percebeu que Elizabeth não acreditava na possibilidade de grandes mudanças na relação com Sarah. Pelo embate em que as duas viviam, o psiquiatra teve a impressão de que elas se conheciam muito pouco, conheciam no máximo a sala de visitas da personalidade uma da outra. Tinham vivido muitos anos numa grande proximidade física, respirando o mesmo ar, mas eram duas estranhas dividindo um espaço comum. Diante disso, ele olhou fixamente para os olhos da mulher à sua frente e comentou com segurança:

– Por trás de uma pessoa que fere há sempre uma pessoa ferida. Ninguém agride os outros sem primeiro se autoagredir. Ninguém faz os outros infelizes, se primeiro não for infeliz. – E, provocando a inteligência de Elizabeth, disse: – Pense nisso.

Essas palavras ecoaram dentro dela, deixando-a chocada. A mãe não conseguia entender a linguagem dos comportamentos da filha. Antes de ser modelo, para ganhar um presente, trocar de celular, ter um novo videogame, Sarah tinha crises de ansiedade. Aos gritos, dizia que todos a rejeitavam porque era feia. Elizabeth sempre tratara esses comportamentos como manha e manipulação, mas acabava cedendo. Pela primeira vez, começou a compreender que, por mais que a filha quisesse manipulá-la, seus comportamentos representavam um grito, não por um objeto, mas um pedido de socorro de alguém que sofria e atravessava conflitos. Abalada pelas palavras de Marco Polo, ela repetiu a frase em voz baixa, procurando absorvê-la e entendê-la plenamente:

– "Por trás de uma pessoa que fere há sempre uma pessoa ferida." – Em seguida, falou: – Mas que trauma ela tem? O que faltou a ela? Onde eu e o pai dela erramos? – O tom expressava toda a sua perturbação.

– Muitos pais se esforçam para dar o mundo a seus filhos, mas se esquecem de dar a si mesmos. Compram roupas belíssimas, pagam as melhores escolas, os cobrem de presentes, mas não dão sua história, não falam de si mesmos com eles, não lhes falam sobre os fracassos, os sucessos, as perdas, os golpes de ousadia, os projetos. Você sabe quais são os sonhos de Sarah? Já perguntou quais são as lágrimas que ela nunca teve coragem de chorar? Já descobriu quais são seus temores e frustrações mais importantes?

Elizabeth ficou sob o impacto das perguntas feitas pelo Dr. Marco Polo. Como a grande maioria dos pais, ela nunca conversara com a filha sobre seus dias mais tristes, nunca perguntara sobre as lágrimas ocultas. Ficou abismada ao se dar conta disso, pois, como jornalista, havia entrevistado inúmeras celebridades, mas nunca formulara essas perguntas vitais à pessoa mais célebre da sua vida – a própria filha. O sucesso de Sarah era tão evidente que a mãe nem mesmo perguntara seriamente se seu grande sonho era mesmo se tornar modelo, ou se ela desejaria trocar a fama, o dinheiro e o status por uma carreira mais simples.

– Sempre pensei que conhecia minha filha, mas agora estou em dúvida. Sinto-me culpada e fracassada como mãe – comentou, como se não pudesse sustentar suas convicções.

– Pais maravilhosos falham tentando acertar. Não tenha medo de entrar em contato com suas falhas, mas tenha cuidado, pois a culpa destrói ou constrói. Se a dose da culpa for pequena, ela nos estimula a refletir ou corrigir as rotas, mas, se for intensa, bloqueia a inteligência e promove a depressão.

Elizabeth respirou um pouco mais aliviada. Ela havia procurado o Dr. Marco Polo por indicação de Júlia, uma das jornalistas da sua equipe, que se tratara com ele. Júlia dissera que ele era instigante, ousado, transparente. A psicoterapia a tinha ajudado a superar suas frequentes crises depressivas, associadas a uma vida pessimista e dependente. Júlia vivia dominada por uma necessidade neurótica de prestígio e aprovação dos outros.

Uma frase inesquecível do Dr. Marco Polo promovera uma mudança em sua vida: "Júlia, se você não deixar de ser espectadora passiva de sua doença psíquica, se não se tornar atriz principal do teatro da sua mente, perpetuará sua doença, mesmo se tratando." Sob o impacto dessas palavras, ela compreendeu que alimentava sua doença. Tinha medo de errar, de falar "não" e de expressar seu desejo e seu pensamento. Resolveu então deixar de ser vítima da própria história.

Júlia deu assim um salto enorme em sua qualidade de vida, perceptível para todos os colegas. Rompeu com um namorado que a humilhava, agredia e controlava. Tornou-se intrépida, bem-humorada, e começou a escrever textos mais ousados para a revista. A visível mudança de Júlia motivou Elizabeth a procurar o terapeuta que tratara a amiga, embora alimentasse poucas esperanças de que ele pudesse fazer o mesmo por sua filha.

– Como corrigir meu relacionamento com Sarah, se ela me critica o tempo todo e, pior, se ela vive se punindo, não se ama, não ama a vida, não ama os amigos, enfim, parece não amar nada? Ela já se tratou com três psicólogos e foi acompanhada por dois psiquiatras. Nenhum desses tratamentos durou mais de um mês. Chegou a dizer que os psiquiatras são tolos, não entendem nada sobre ela. Sarah é muito resistente e insatisfeita. Reclama inclusive do sucesso, do assédio, dos elogios, dos prêmios que recebe. – Elizabeth suspirou desanimada. – Sinto-me incapaz de ajudá-la.

– Excelente! – exclamou Marco Polo, surpreendendo-a. – A melhor coisa para conhecer a caixa de segredos da personalidade de uma pessoa é reconhecer nossa impotência para abri-la e decifrar seus códigos. Deixe de lado o que você pensa que sabe sobre Sarah. Comece um novo capítulo na sua história com ela. Abra-se para novas possibilidades. Procure penetrar além da vitrine do comportamento dela.

– Entre mim e minha filha há uma grande montanha.

– Não tropeçamos nas grandes montanhas, mas nas pequenas pedras – disse poeticamente o pensador da psiquiatria.

Essas palavras deixaram a mãe extasiada e reflexiva. Elizabeth começou a perceber que os atritos e ofensas mútuas tinham início nas pequenas coisas. Mas logo em seguida entrou em algumas zonas de conflito do seu inconsciente e novamente mostrou seu pessimismo.

– Minha filha já disse quatro vezes que me odeia – expressou com profunda tristeza e vergonha.

– O ódio é uma pedra bruta do território da emoção, que pode estar próxima ou infinitamente distante do amor – afirmou enfaticamente Marco Polo. – Dependendo do artesão que a lapida, ela se transforma na experiência mais sublime do amor.

As frases de Marco Polo desbloqueavam pouco a pouco a inteligência de Elizabeth. Ele irrigava seu ânimo e expandia sua visão sobre a vida, dando-lhe uma perspectiva multifocal. Ela voltou a falar dos conflitos de Sarah. A filha queria um padrão perfeito de beleza e por isso rejeitava algumas partes do seu corpo, odiando particularmente a anatomia de seu nariz. A belíssima modelo achava seu nariz monstruoso. Depois de anos de insistência, a mãe concordara que a filha fizesse cirurgia plástica com um cirurgião de confiança. Após a cirurgia, surpreendentemente, Sarah tinha entrado numa grave crise emocional e tentara o suicídio. Tomou todo tipo de remédio que encontrou pela frente.

∽

Marco Polo não era apenas um psiquiatra que atendia seus pacientes no consultório. Era também um pesquisador da psiquiatria e da psicologia, um pensador da filosofia. Tinha uma visão ampla do ser humano. Escrevia artigos e livros sobre o caos da qualidade de vida das pessoas nas sociedades modernas.

Estava convicto de que o assassinato da autoestima de Sarah não era um caso isolado. Nos últimos anos, preocupava-se extremamente ao perceber que milhões de mulheres adultas, adolescentes e até crianças estavam infelizes com a imagem de seu corpo, viviam paranoicas em busca de um padrão de beleza inatingível.

O psiquiatra tinha plena consciência de que a autorrejeição encerrava o ser humano na mais profunda masmorra psíquica.

Para ele, os homens também estavam afundando cada vez mais nos pântanos de um falso ideal de beleza e, consequentemente, desenvolvendo uma série de transtornos psíquicos. O que mais intrigava Marco Polo era perceber que na geração atual estava ocorrendo o entristecimento coletivo da humanidade. A expectativa seria de que no século XXI – com o acesso à poderosíssima indústria do lazer que supervalorizava a imagem, como a televisão, o cinema, as revistas e a internet – as pessoas se tornassem as mais felizes que já pisaram no enigmático palco desta Terra. No entanto, elas pareciam cada vez mais infelizes, pois a emoção não reagia com uma alegria estável e intensa.

A era da imagem trouxe uma expansão da beleza estética em diversas áreas da atividade humana. Mas, na área da autoimagem e da imagem do ser humano diante do outro, provocou um estrago no inconsciente, fazendo com que grande parte das pessoas perdessem o senso da magia, da suavidade, da leveza do ser, do encanto pela vida, afetando drasticamente a saúde emocional e as relações sociais. Marco Polo pesquisava esse paradoxo e se perturbava com ele. Para tentar ajudar Elizabeth a superar seus conflitos com Sarah, ele falou em linguagem simples sobre o poder da imagem no processo da construção das relações humanas.

Comentou que nós nos relacionamos com os outros não pelo que são em si, mas pelas imagens deles arquivadas no subsolo de nossa personalidade, no inconsciente. As críticas, os atritos, as agressões, assim como os sentimentos de desconfiança, incompreensão e intolerância, construíam sutilmente essas imagens nas janelas da memória. Explicou que são elas que ditam as regras da relação, que determinam se as pessoas agirão com gentileza e amabilidade ou impulsividade e irritabilidade umas com as outras. Duas pessoas encantadoras são capazes de viver em pé de guerra se as imagens arquivadas no inconsciente delas forem péssimas. Além disso, acrescentou, não é possível apagar essas imagens, como nos computadores, apenas reeditá-las.

Em seguida, mostrou a Elizabeth alguns segredos para atingir o território inconsciente das pessoas com quem ela tinha conflitos, em especial o de Sarah. Disse que ela deveria começar conquistando a emoção de sua filha, e depois, sua razão. Se tentasse conquistar primeiro a razão, apontando os erros e as falhas de Sarah, teria grande chance de perpetuar os conflitos entre as duas. Era preciso explorar o solo da emoção da filha, surpreendendo-a nas pequenas coisas, falando o que nunca tivera coragem de falar, fazendo gestos nunca expressados. Deveria abraçá-la quando Sarah esperava uma repreensão, fazer um elogio quando esperava uma rejeição.

Recomendou que a famosa gerente editorial se humanizasse, saísse da sua postura de executiva e libertasse a sua criatividade para ser fotografada na psique de Sarah de maneira nova e afetiva. Não lhe deu regras, mas mostrou o caminho da sabedoria. Terminou sua exposição dizendo:

– A vida é um contrato de risco. Você pode conviver com milhares de animais de outra espécie e nunca ter problemas, mas, se conviver com um ser humano, por melhor que seja a relação, haverá problemas e decepções.

Com ousadia, completou:

– Todos falhamos, frustramos os outros e somos frustrados por eles. Todos estamos doentes em alguma área de nossas personalidades, uns mais, outros menos, inclusive os psiquiatras e psicólogos. A sabedoria não consiste em ser perfeito, mas em saber que não somos e ter habilidade de usar nossas imperfeições para compreender as limitações da vida e amadurecer. Não culpe Sarah, conquiste-a. Não se culpe, conquiste-se! Eu já desisti de ser perfeito, e você? Só uma pessoa incompleta precisa de novas conquistas.

A ilustre jornalista suspirou profundamente, relaxou os músculos da face e esboçou um sereno sorriso. Mergulhou na sabedoria do intrigante pensador. Pela primeira vez se desarmou e não se sentiu culpada pelos seus erros. Lembrou-se dos obstáculos que tinha enfrentado no início da carreira. Foi preciso lutar muito para materializar seus projetos e conquistar as pessoas. Agora tinha outro grande desafio: sair da rotina, reconstruir uma relação dilacerada e conquistar a quase inconquistável Sarah.

Capítulo 2

Sarah sobreviveu à tentativa de suicídio. Felizmente teve uma nova chance para começar tudo de novo. Logo após sair do hospital, foi ao consultório de Marco Polo. Seu rosto estava um pouco inchado, e seus cabelos desarrumados desciam suavemente sobre os ombros. Estava magra e abatida. Era de se esperar que após correr risco de morte e passar pelo sofrimento decorrente da internação estivesse mais humilde e propensa a ser ajudada. Mas Sarah se mostrava arredia como sempre, agitada, pouco acessível.

Marco Polo se apresentou e pediu que ela se sentisse à vontade para falar sem medo sobre sua história. Mas Sarah, ansiosa, rebateu com agressividade a gentileza do médico.

– Sentir-me à vontade aqui, no consultório de um psiquiatra? Você está brincando! – retrucou rispidamente. – Nem sei o que estou fazendo aqui.

Marco Polo começou a sentir na pele as inquietações de Elizabeth. Sarah não poupava ninguém, era uma pequena deusa que queria fazer todos se curvarem aos seus pés. Seus médicos anteriores tinham sido testados e tratados com indelicadeza por ela. Os que caíram na sua armadilha, respondendo com rispidez às suas provocações, foram considerados fracos por ela, sem autocontrole, o que a levava a levantar-se e desistir do tratamento na primeira consulta.

Marco Polo sabia que não podia se deixar dominar pela agressividade de Sarah. Precisava atravessar suas resistências emocionais, seus penhascos psíquicos, para conhecê-la intimamente. Afinal de contas, seu pai lhe dera o nome de Marco Polo para que ele fosse capaz de explorar muitos mundos, como o Marco Polo do século XIII. Agora ele se encontrava diante do complexo mundo de Sarah. Precisava instigar sua inteligência e descobri-la. Era uma tarefa dificílima e delicada.

– Você não sabe o que faz aqui ou tem medo de falar sobre si mesma? – falou olhando fixamente nos olhos dela.

– Não tenho medo de nada, nem de você. Só não gosto de responder perguntas tolas – disse Sarah, provocando-o.

Marco Polo fez uma pausa e, em seguida, reagiu:

– Você poderia falar sobre o que aconteceu nos últimos dias? Por que você foi internada? – perguntou sem ter certeza de que ela seria transparente.

– Os remédios? A internação? Aquilo foi um teatro! – Sarah procurou dissimular sua tentativa de suicídio.

– Ninguém faz um teatro tentando desistir da vida. Será que você não está sofrendo muito e não consegue transmitir o que está sentindo?

Sarah realmente sofria, e havia bastante tempo, mas, como muitos, sofria calada. Não sabia repartir sua dor. Vivia ilhada em seu oceano emocional. Tinha sede de diálogo, mas não conseguia pedir água. Negava seus conflitos. As palavras de Marco Polo abriram uma pequena fresta em seu calabouço, seus olhos umedeceram, mas ela se conteve porque jamais chorava diante dos outros. Tentando esconder-se de si mesma, mudou completamente de assunto e atacou-o.

– Você deve ser mais uma pessoa manipulada pela minha mãe – falou, fazendo um pré-julgamento.

– Manipulado? Tenho certeza de que não sou. E você? Sente que é manipulada por ela? – indagou tentando que ela falasse sobre o epicentro do seu drama.

– Eu não! Nada e ninguém me controla – respondeu, rápida e rispidamente.

– Nem a angústia e a ansiedade a controlam por alguns momentos? – ele disse, colocando-a contra a parede da sua própria história.

Sarah titubeou, pois sabia que era prisioneira do seu conflito. Sua vida era seca e sem sabor. O mundo social a considerava uma rainha, bela, rica, famosa. Mas, no secreto do seu ser, conhecia os vales escabrosos da miséria emocional. Entretanto, mais uma vez se esquivou.

– Eu sou livre! – falou sem pensar.

– O que é ser livre? – ele perguntou apressadamente.

Sarah ficou momentaneamente perturbada. Estava acostumada a questionar os outros, mas agora encontrara alguém que era especialista na arte da pergunta.

– Eu sou livre e isso basta. Não preciso lhe dar explicação – ela rebateu sem gentileza.

Essas atitudes eram comuns: quando não tinha resposta, Sarah cortava a conversa abrupta e agressivamente. Ninguém penetrava nos recônditos da sua personalidade, nem ela mesma.

Marco Polo considerava a vida como um grande livro, mas sabia que algumas pessoas não conheciam sequer o prefácio. Sarah era uma delas, apesar de sua rigidez e autossuficiência. Mas ele não se deu por vencido. Amava o desafio. Olhando fundo nos olhos dela, disse-lhe:

– Sarah, eu não faço parte de um júri para julgá-la nem sou um policial para reprimi-la, muito menos um conselheiro para dar uma resposta rápida e mágica para o seu problema. Sou apenas um psiquiatra querendo entendê-la. Para mim, você não é uma celebridade do mundo da moda e da mídia e nem uma pessoa digna de dó, mas um ser humano.

Sarah ficou surpresa com a argúcia da argumentação de Marco Polo. Sua resistência começou a ceder. Mas ela reagiu, não se deixou dobrar, ainda tinha fôlego para desdenhar dele. Comentou em tom de deboche:

– Não perca seu tempo. Ninguém consegue me entender e ninguém precisa me entender. O que conheço sobre mim é suficiente.

Marco Polo já havia tratado de grandes políticos, empresários, intelectuais, celebridades, mas raramente vira uma jovem tão fechada, atrevida e rápida nas respostas. Sarah parecia impermeável como uma pedra de mármore. Vivia sob uma intensa armadura, estava sempre tensa, com a musculatura da nuca contraída, com dores de cabeça e fadiga excessiva. Proclamava um individualismo radical tão doentio quanto o de uma pessoa dependente.

– Se você é plenamente livre e conhece o suficiente de si mesma, então sua maturidade é maior do que a minha – falou decidida e corajosamente Marco Polo. Após conquistar sua emoção, ele deu um choque de lucidez na sua razão. – Neste caso, temos de inverter os papéis. Você deve me tratar, pois quanto mais me conheço, mais sinto que me conheço tão pouco.

Sarah ficou com o rosto vermelho. A rainha perdeu o trono da rigidez. Começou a perceber que o orgulho era a coroa dos fracos, e a humildade, a dos fortes. Vendo-a reflexiva, Marco Polo aproveitou para colocar mais combustível na sua interiorização. Elogiou-a e provocou seu intelecto:

– Você é uma jovem inteligente, mas creio que tem receio de fazer a viagem mais importante que um ser humano pode realizar.

Ela não queria perguntar, sabia que estava sendo envolvida por ele, mas não suportou a curiosidade.

– Que viagem é essa? – indagou ansiosa.

– Uma viagem para dentro de si mesma. Podemos viver sob os holofotes da mídia, mas, se nunca fizermos essa viagem interior, seremos opacos e miseráveis dentro de nós mesmos. Podemos viajar para todos os continentes e para todos os países, mas, se nunca viajarmos para as vielas do nosso ser, viveremos a pior solidão da existência.

O pensador estimulava sua paciente, procurando fazê-la ter contato com a arte da dúvida, pois sabia que a dúvida – que é a pérola da sabedoria na filosofia – a levaria a refletir sobre a vida.

Sarah ficou atônita. Nunca fora tão questionada no microcosmo de um consultório. O ambiente inteligente começou a abrir as janelas da sua mente, o que a fez perguntar:

– A que solidão você se refere?

Pausadamente, Marco Polo respondeu:

– Se todas as pessoas do mundo a abandonarem, inclusive seus pais, a solidão poderá ser tolerável. Mas, se você mesma se abandonar, ela será quase insuportável. A pior solidão da existência é aquela em que nós mesmos nos abandonamos. Desculpe-me perguntar: será que você não se abandonou? Você vive um romance com a própria Sarah ou se pune e maltrata a si mesma?

A pergunta de Marco Polo fez Sarah penetrar dentro de si mesma como um mergulhador que visita uma região nunca antes explorada. Foi o início de um processo. Através desse primeiro encontro consigo mesma, começou a perder a capacidade de rebater sem pensar e a se dar conta de seu estilo autodestrutivo, debochado, punitivo, agressivo. Percebeu o quanto tinha medo de entrar em contato com suas mazelas psíquicas. Ficou alguns minutos em silêncio. Foram os minutos mais profundos da sua história. Fez a oração dos sábios, o silêncio. Só o silêncio podia conter os gritos que ecoavam nesse momento sublime de autoconhecimento.

O tempo da consulta terminou. Marco Polo gentilmente despediu-se dela. E disse que, se quisesse, poderia voltar. Do seu lado, ele teria prazer em ajudá-la; do lado dela, seria preciso fazer uma escolha. E toda escolha implica ganhos e perdas. Teria que continuar perdendo o medo de se descobrir, teria que abandonar sua autossuficiência irracional, se quisesse continuar a fazer mergulhos na própria alma.

∼

Dois dias depois, Sarah desejou voltar. Embora não tivesse horário para atendê-la, Marco Polo abriu um espaço na agenda. Ela estava mais aberta, flexível e disposta a tirar a maquiagem e desnudar seu ser. Mas este era um caminho difícil de ser trilhado, pois ela nunca confiara em ninguém. Vendo algumas nuvens de resistência, Marco Polo disse-lhe:

– Eu respeito a sua dor. Respeito inclusive sua decisão de se fechar em seu mundo. Mas, se você está aqui, dê-se a chance de se abrir. Invista em sua felicidade. – E, brincando, perguntou: – Que tal aprender a ter um caso de amor com você mesma?

Ela sorriu, relaxou e desarmou-se. Desse modo, preparou-se para falar sobre os segredos da sua vida como nunca fizera antes.

– O que você quer saber? – indagou num tom mais ameno.

– Por que você quis desistir de viver? – perguntou Marco Polo, querendo entrar no epicentro do conflito de Sarah para depois explorar as margens.

Depois de uma pausa, ela fez um comentário surpreendente.

– Em primeiro lugar, eu não queria tirar minha vida, queria matar o cirurgião plástico que operou meu nariz! – E, desejando mostrar que ela não estava sendo irônica, afirmou: – Estou sendo sincera. Antes de operar, sentia que meu nariz era horrível, feio, repugnante. Não conseguia me olhar no espelho sem perceber seu grave defeito. Sabia que, pelas costas, algumas colegas de classe zombavam de mim por causa disso. Sentia que minhas colegas modelos também debochavam do meu nariz. Pensava dia e noite em fazer cirurgia plástica, até que convenci minha mãe.

Sarah foi operada pelo Dr. John Wilson, um cirurgião plástico reconhecido, habilidoso, mas frio, objetivo, lógico, sem afeto; um profissional que valorizava muito mais o bisturi do que o diálogo, as curvas do corpo e não as sinuosidades da emoção. Prometia o paraíso para quem estava no inferno da autorrejeição. Como os golpes de um bisturi não corrigem as cicatrizes da psique, não eram poucas as clientes que ficavam insatisfeitas com a cirurgia. Algumas o processavam, mas seu seguro polpudo pagava as demandas judiciais.

O Dr. Wilson não sabia da dimensão do conflito de Sarah em relação ao próprio nariz. Era dispensável operá-la, pois o nariz, bem torneado, tinha uma leve saliência no dorso que somente Sarah enxergava. Ninguém zombava dela, mas a imagem de seu nariz ficou tão monstruosa em seu inconsciente que ela o considerava objeto de rejeição e gravitava em torno dele.

Achando que o conflito de Sarah era tão pequeno quanto o diminuto defeito anatômico, o Dr. Wilson não a dissuadiu da cirurgia plástica e muito menos a preparou para ela. Ter uma cliente que estava se tornando uma celebridade mundial, ainda mais sendo filha da cultuada executiva da supervalorizada revista *Mulher Moderna*, era uma vitrine imperdível para a sua clínica. Iria render-lhe milhões de dólares. Assim, operou-a o mais rápido possível.

– O que aconteceu, Sarah? – disse Marco Polo olhando para o nariz dela e constatando como era bonito.

– Quando tiraram o curativo e vi meu nariz inchado, fiquei abalada, mas me pediram paciência, pois diziam que depois de algumas semanas ele voltaria ao normal. Quando desinchou, entrei em crise porque percebi que ficou pior! Onde havia uma saliência, agora existe uma depressão. Fiquei desesperada. Não conseguia dormir e ia continuamente ao espelho observá-lo. E quanto mais olhava, mais ficava deprimida. Fui mutilada pelo cirurgião plástico!

– Desculpe-me, mas não enxergo o defeito que você vê – disse o psiquiatra com simplicidade.

– Você está cego ou não quer enxergar? – ela rebateu enfaticamente. Mas, em seguida, pediu desculpas a Marco Polo e continuou: – Tenho raiva do Dr. Wilson, ele me prometeu que eu ficaria feliz, que meu novo nariz ficaria lindo, que meu astral subiria às nuvens. Promessas, promessas, promessas! Ele me enganou, me iludiu, me traiu, por isso tive vontade de matá-lo. Mas, como não podia tirar a vida dele, resolvi desistir da minha...

As reações de Sarah expressavam a sua enorme turbulência emocional. Ela não conseguia expressar um décimo do seu sofrimento. Era fácil julgá-la, mas difícil entendê-la. Nem Elizabeth conseguia entender que a rejeição que a filha expressava em relação ao nariz era a ponta do iceberg da emoção de uma jovem que abandonara a si mesma e tinha uma autoimagem dilacerada. Ela era muito valorizada no mundo da moda, mas completamente insatisfeita consigo mesma. Assediada por fora, mas paupérrima e solitária por dentro. Não contemplava a vida, não brincava, não sorria e nem curtia os pequenos momentos. Era mais uma miserável vivendo num palácio.

Marco Polo, introspectivo, começava a entender os solos da complexa personalidade de Sarah. Era impossível que uma pessoa tão agressiva com ela mesma pudesse ser dócil com quem a cercava. Não seria coerente. Ela feria os outros, porque vivia ferida. Estabelecia um alto grau de exigência na sua busca de felicidade. Apesar da petulância, do orgulho, do autoritarismo, havia um tesouro soterrado nos escombros de seus conflitos que nem seus íntimos nem ela mesma enxergavam.

– Quantas pessoas disseram que seu nariz ficou ótimo? – questionou Marco Polo.

– Muitas. Mas eu não acredito em ninguém! – respondeu incisivamente.

– A beleza está nos olhos de quem vê. Quem se vê bela, será bela, ainda que esteja fora do padrão neurótico de beleza – ele disse, esperando que ela admirasse esse pensamento.

Sarah parou, pensou, admitiu para si mesma a profundidade dessa ideia. Mas reagiu:

– Tolice está na boca de quem fala – rebateu agressivamente.

Percebendo que mais uma vez tinha reagido sem pensar e ofendido quem admirava, ela teve uma atitude rara. Desculpou-se:

– Perdoe-me, Dr. Marco Polo. Sou impulsiva, não gosto de ser questionada – falou, encabulada.

– Eu a compreendo – ele disse gentilmente.

Essa simples frase ecoou de forma intensa no âmago da jovem modelo. Marco Polo não cobrara nada, não criticara nem aconselhara, apenas a tinha compreendido. A palavra compreensão não fazia parte do dicionário da sua vida. A jovem modelo começou a criar fortes vínculos com o intrépido psiquiatra. A confiança nele tornou-se tão sólida que nas sessões seguintes de psicoterapia ela revelou um problema que lhe produzia um intenso sofrimento, mas que nunca havia contado para ninguém.

– Eu tenho bulimia – disse, chorando pela primeira vez.

Desde o começo da carreira de modelo, aos 12 anos, Sarah passara a ter medo de engordar. O medo se transformou em paranoia e levou-a a provocar vômitos quando comia em excesso. No início do processo não causava grande transtorno, pois fazia isso uma ou duas vezes por semana. Mas o que era uma reação incomum começou a se tornar frequente e desencadeou uma doença.

Sarah sempre gostara de comer espaguete, pizza, chocolate, tortas. Como rejeitava seu corpo e tinha péssima autoestima, estava sempre ansiosa. A ansiedade a levava a comer compulsivamente. E quanto mais comia, mais crescia o sentimento de culpa. E quanto maior o sentimento de culpa, mais ela provocava vômitos. Havia um ano começara a provocar vômitos diariamente e agora os provocava várias vezes por dia. Como muitas portadoras de bulimia, fazia tudo escondido. Sentar-se à mesa deixara de ser um momento de prazer e se tornara um ritual de sacrifício.

Após relatar seu drama a Marco Polo, a belíssima Sarah revelou a tortura dos desfiles. Apontou algumas causas da bulimia.

– Uma modelo deve ter 20 quilos a menos do que sua estatura. Como eu tenho 1,70 m, tinha de pesar 50 quilos no máximo. Se engordasse um pouco, alguns estilistas e produtores de moda diziam que minha carreira estava em risco. Se pesasse 52 ou 53 quilos, era rejeitada para desfilar em algumas passarelas.

"Sempre odiei a vida de modelo por isso. Sou escrava de uma imagem que me deixa infeliz. A bulimia me faz manter o peso, mas me corrói por dentro."

Marco Polo sabia que manter um peso tão baixo era uma violência enorme contra bilhões de células do corpo que clamavam por nutrientes. Um peso tão baixo só era possível sob uma severa desnutrição, como a que acontecia com pessoas famintas da África Subsaariana, por exemplo. O regime a que as modelos se submetiam para ter alguns momentos de glória nas passarelas, nas capas de revistas ou nos comerciais, era tirânico, doentio, insano, ia contra aos parâmetros de saúde da medicina.

Após essa revelação, Sarah teve coragem de confessar a Marco Polo que nos dias que antecediam os desfiles a loucura aumentava. As modelos trancavam a boca, usavam indevidamente laxantes e diuréticos. Algumas chegavam a injetar em si mesmas estimulantes para bloquear o apetite. Transformavam suas vidas num inferno. E no dia do desfile a paranoia se expandia, elas ficavam seis, sete e às vezes 10 horas sem comer literalmente nada, para não formar qualquer proeminência nas magérrimas barrigas.

– Por causa desse jejum maquiavélico, algumas modelos tinham vertigem nos camarins e, para evitar que desmaiassem nas passarelas, colocavam sal na boca para aumentar a pressão arterial – disse Sarah, recapitulando a tortura que tantas vezes sentira.

Marco Polo pensou: "Meu Deus! As sociedades modernas realmente se tornaram fábricas de pessoas doentes. São essas modelos que ditam a moda e servem de padrão de beleza para mais de dois bilhões de mulheres. O culto ao corpo supermagro difundido pela mídia está gerando uma psicose social coletiva que assassina a autoestima e a autoimagem de crianças e adultos, inclusive os homens."

Como pensador da psiquiatria, Marco Polo descobrira havia alguns anos a síndrome PIB: Padrão Inatingível de Beleza. Percebia que essa dramática síndrome vinha se tornando cada vez mais frequente e intensa. Ficava abalado ao detectar que os conceitos de autoaceitação, de atração física, de aceitação social e de bem-estar estavam sendo construídos em cima de um padrão doentio. Nem as modelos escapavam dessa tragédia. Nesse ambiente estressante, elas desenvolviam vários transtornos psíquicos. Sarah era livre para movimentar suas pernas nos desfiles, mas não para se alegrar, viver a vida intensamente.

Meditando sobre sua profissão, a jovem modelo teve a lucidez de afirmar:

– Em muitos momentos sentia-me apenas um objeto cuja imagem era moldada artificialmente para ser admirada. Poucos se importavam com o que eu e as outras modelos pensávamos e sentíamos. A embalagem valia mais do que o conteúdo.

Nesse momento, Sarah chorou e apontou algumas graves consequências que decorrem do cultivo de um corpo magérrimo:

– Minha menstruação parou. Não tenho prazer sexual. Sinto-me assexuada, velha e sem energia.

Suas palavras desvendavam um sistema de tortura aceito nas sociedades democráticas ao qual milhares de modelos se submetiam. Como era feito sem acompanhamento profissional de um nutricionista, o regime constituía um calvário tão grande para o corpo que alguns mecanismos biológicos entravam em cena tentando protegê-lo.

A privação de nutrientes básicos para a manutenção da vida gera a produção anormalmente baixa do hormônio estrógeno, que em sua última etapa provoca o bloqueio da menstruação – amenorreia. Como o cérebro interpreta que as pessoas insuficientemente nutridas correm risco de morrer, considera que não devem procriar, mas apenas preservar a vida. O *Homo bios* prevalece sobre o *Homo sapiens*, ou seja, os instintos entram em cena porque o intelecto não sabe fazer escolhas, optar pelo prazer e pela saúde.

O bloqueio da menstruação era o grito de alerta de bilhões de células do corpo, revelando uma grave disfunção fisiológica e suplicando que as modelos mudassem seu estilo de vida. Mas elas raramente ouviam essa voz. Precisavam brilhar nas passarelas, mesmo destruindo a própria saúde física e a saúde emocional de milhões de mulheres que nelas se espelhavam. Era o pleno exercício da lei da sociedade de consumo que o Dr. Marco Polo abominava.

Por mergulharem nesse pântano estressante, diversas modelos envelheciam mais cedo do que as demais mulheres, tanto física como emocionalmente. Não percebiam que eram frágeis vítimas de um sistema predador que nunca as amara, apenas as usava e descartava.

Marco Polo se comoveu com a história de Sarah. Queria manter distância de sua dor para interpretá-la melhor, mas era impossível não se envolver. Deixou escapar algumas lágrimas e, sem medo, enxugou-as com as pontas dos dedos. Tentando estimular o resgate do prazer de viver da jovem, o psiquiatra perguntou-lhe:

– Quais são seus sonhos, Sarah?

– Doutor, atualmente ganho quase um milhão de dólares por ano. Alguns dizem que ganharei muitos milhões em poucos anos. Ganho 10 vezes mais do que minha mãe e meu pai juntos. – Respirou lentamente e, com a voz embargada, dissecou sua nudez psíquica: – Sou admirada, mas deprimida. Faço poses, distribuo sorrisos, demonstro alegria, vendo produtos. Sou uma especialista em disfarces.

Essas palavras se alojaram no âmago de Marco Polo. Ele ficou surpreso com a sinceridade e a argúcia do raciocínio de Sarah. Ela, que tinha tanta resistência em falar, uma vez removidos os fatores que a bloqueavam, mostrava uma transparência raríssima e uma inteligência notável. Mas Sarah não sabia falar dos seus sonhos. Era como se eles tivessem se dissipado. Ele insistiu:

– Ser modelo é o seu sonho? Você tem outros sonhos?

Ela fez uma viagem em seu imaginário, velejou em seu passado e disse:

– Meus sonhos? Queria ter tido infância, brincado mais, corrido atrás das borboletas, me preocupado menos com meu corpo, com roupas, com a moda. Queria viver suavemente, sem grandes compromissos com o sucesso. Milhares de mulheres querem me imitar, todos os dias adolescentes pedem meu autógrafo, mas elas invejam uma pessoa infeliz. Elas não sabem que sou eu que as invejo. – As lágrimas encheram seus olhos.

Sarah disse também que sonhava em ser escritora, mas seus pais a dissuadiram. Diziam-lhe que dificilmente conseguiria sobreviver, pois não tinha uma boa redação. Elizabeth, apoiada por amigas, insistia em afirmar que ela era linda, que teria uma carreira brilhante pela frente como modelo. O sucesso de Sarah como modelo se tornara o projeto de Elizabeth.

– Minha mãe vive e respira o mundo da moda. Mas parece que está anestesiada. Não percebe o teatro de horror que eu e muitas top models vivemos.

– Que sentimento você tem em relação à sua mãe? Seja sincera – perguntou, procurando estimulá-la a falar o que provavelmente jamais conseguira expressar.

Após um momento de interiorização, Sarah balançou a cabeça e disse:

– Eu não entendo. Todos gostam da minha mãe, a elogiam e admiram, mas não sei o que sinto. Na realidade, meus sentimentos são duplos. Eu a amo, mas parece que em alguns momentos a odeio. Eu a admiro e a rejeito. – Enxugou os olhos. – Minha mãe queria que eu fosse educada à sua imagem e semelhança. Tinha que estar sempre bem-arrumada para receber elogios. Transformou-me numa boneca que combinava cada peça de roupa, mas no fundo eu queria ser apenas uma criança, solta, alegre, com todos os meus defeitos. Ah! Como eu invejava as crianças que comiam tortas de maçã lambuzando o rosto. – Sua voz atingiu um tom mais alto.

– Parabéns. Você está sendo espontânea, honesta consigo mesma e sem medo de entrar em contato com a sua realidade. – Marco Polo incentivou a sua trajetória interior. Ela sorriu e ele recomendou: – Não gravite na órbita da sua imagem. Não tenha uma necessidade neurótica por elogios. Seja você mesma. Deixe a criança que ainda vive em você respirar. Descubra o mundo maravilhosamente belo que está ao seu redor. Ninguém pode fazer isso por você!

O tempo de mais uma sessão de psicoterapia chegou ao fim. Sarah estava aliviada, não sabia explicar o prazer de dividir sua angústia. Como sinal de gratidão, quebrou a formalidade do tratamento e pediu:

– Posso lhe dar um abraço?

Ele meneou afirmativamente a cabeça. Ela o abraçou com afeto. Agradeceu-lhe por ouvi-la sem julgá-la:

– Obrigada por fazer de mim uma viajante.

Sorrindo, o psiquiatra respondeu:

– Obrigado por me deixar conhecer a sua história. Você é uma jovem fascinante.

Nos bastidores da mente de Sarah havia vários conflitos que ainda não tinham sido resolvidos e que viriam para o palco consciente quando ela atravessasse um foco de tensão constituído de derrotas, críticas, rejeições, ou olhasse para o espelho e percebesse defeitos em seu corpo. Mas Sarah encontrara seu caminho. Isso fazia toda a diferença.

Decidiu que jamais desistiria da sua vida, pois descobrira que valia a pena vivê-la, apesar dos vales e das montanhas que atravessaria. O tratamento a fez estilhaçar a pior solidão humana – resolveu que nunca mais se abandonaria, mesmo que o mundo desabasse sobre ela.

Sua autoestima deixou de ser doentia, fundamentada numa busca estúpida pela perfeição do corpo, e passou a ser inteligente, pois Sarah finalmente se convenceu de que a beleza está nos olhos do observador. A belíssima modelo estava exultante, pois deixara de ser escrava do sistema. Mas o sistema não a perdoaria.

Capítulo 3

Durante o tratamento, Marco Polo estimulou Sarah a reconstruir a relação com a mãe. Mostrou-lhe que as acusações deveriam ser abolidas e o afeto ser expresso. E, procurando prepará-la para um dos diálogos mais difíceis da sua vida, disse que a arte de ouvir é tão ou mais importante do que a arte de falar.

– Ninguém tem sucesso em ouvir se não aprender a se colocar no lugar do outro. Nenhum relacionamento é perfeito. Sua mãe não precisa de um juiz para julgá-la, mas de uma filha para compreendê-la e amá-la.

Após esse comentário, explicou que para reconstruir um relacionamento era necessário usar três ferramentas. A primeira é pensar antes de reagir. Quando estamos tensos, fechamos as janelas da memória e reagimos sem pensar, por instinto, como animais. Os fracos usam a força, e os fortes, a inteligência. E pediu cuidado, pois nos primeiros trinta segundos de tensão cometemos nossos maiores erros e ferimos as pessoas mais caras de nossa vida. A segunda ferramenta é ser sempre transparente, mas deve-se falar com generosidade. Disse que os fracos impõem suas ideias e controlam os outros, enquanto os fortes expõem suas ideias e respeitam as diferenças. A terceira é surpreender quem se ama. Cada pessoa tem uma personalidade própria, com seus enigmas. Para conquistá-la é necessário surpreendê-la, dizer o que nunca se disse, pronunciar palavras nunca antes proferidas.

Marco Polo esperava que Elizabeth também refletisse sobre esses princípios que ele lhe transmitira no primeiro e único contato. Depois de dar essas orientações a Sarah, ele completou:

– Apostar no outro, perdoar continuamente, dar sempre uma nova chance é fundamental para superar frustrações e criar novos vínculos. Não é uma tarefa mágica, mas é uma tarefa possível.

Elizabeth e Sarah tropeçavam justamente nos três princípios descritos pelo psiquiatra. Elas guardavam mágoas, eram péssimas ouvintes, dissimulavam seus comportamentos e eram especialistas em cobrar e não em surpreender uma à outra com novas atitudes. Eram engessadas. No momento em que Sarah se sentiu mais confiante, procurou a mãe para um diálogo. Estava animadíssima.

Na teoria, tudo parecia uma maravilha, mas na prática o diálogo começou de maneira desastrosa. Perderam novamente o controle, não se entenderam, pareciam falar línguas distintas, esqueceram-se de quase tudo que Marco Polo havia dito. As feridas foram abertas, e as decepções, expostas.

– Mãe, você sempre me controlou – bradou Sarah, pensando que estava sendo transparente. – Você decidia o vestido e os sapatos que eu deveria usar, os amigos que eu deveria ter, os cursos que eu deveria fazer.

– Você não entende que era uma criança? Não sabia decidir. Eu tentei fazer o melhor para você – expressou Elizabeth, com medo de reconhecer seus erros. Essa recusa da mãe em admitir os próprios erros deixava Sarah irada.

– Eu concordo e sei que uma criança não pode fazer todas as próprias escolhas. Mas algumas escolhas ela pode e deve, caso contrário, será insegura, marionete dos pais e da vida – disse Sarah com convicção. As ideias estavam corretas, mas a maneira de dizê-las, errada. Ela as impunha, em vez de simplesmente expô-las.

– Marionete dos pais? Ninguém tem controle sobre você. Você é autoritária! – falou Elizabeth resgatando em sua mente as frequentes reações agressivas da filha.

– Minha agressividade não é gratuita! – retrucou rispidamente Sarah, tentando justificar as suas atitudes e denunciar os comportamentos da mãe. Mas, antes que ela continuasse, Elizabeth rebateu:

– Sim, sua agressividade tem uma explicação, chama-se ingratidão. Você reclama de tudo que faço por você. Você é uma ingrata! – expressou em tom mais alto.

– Você só me critica, só enxerga meus defeitos – defendeu-se a filha perdendo a paciência. E adicionou, asperamente: – Estou dizendo que você assassinou minha infância! Não deixou a Sarah criança respirar! Você me arrumava para ser admirada pelos outros.

– Está vendo seu tom de voz? Você só sabe me acusar e me agredir! – falou Elizabeth irritada e tensa, procurando se proteger do sentimento de culpa que Sarah sempre colocava sobre ela.

– Você nunca me entendeu! Eu a agredia tentando sobreviver – gritou Sarah totalmente alterada.

– Sobreviver? – bradou Elizabeth sem qualquer racionalidade. – Como? Matando-me e se matando! – Quando percebeu, já tinha vomitado essas palavras do seu inconsciente. Ao cair em si, teve medo que Sarah regredisse em seu tratamento. No trabalho, a chefe editorial sabia resolver conflitos, em casa perdia o controle, não admitia ser contrariada. Mãe e filha viviam num círculo vicioso que dilacerava a relação. Sempre terminavam as conversas com raiva uma da outra. Vendo Sarah abalada pela maneira como tratara sua tentativa de suicídio, retrocedeu e falou:

– Desculpe-me. – E não conseguiu dizer mais nada.

Sarah se recompôs. Num momento de lucidez, surpreendeu pela primeira vez sua mãe de maneira consciente.

– Não se preocupe, mãe. Resolvi que nunca mais desistirei

da minha vida. Resolvi ser feliz, mesmo que o mundo desabe sobre mim.

Elizabeth suspendeu a respiração por alguns segundos e refletiu sobre o que acabara de ouvir. E, antes que pudesse dar uma resposta, Sarah, num tom suave, rasgou seu coração. Novamente surpreendeu a mãe, expondo serenamente seu pensamento:

– Perdoe também minha agressividade e intolerância. Eu não quero acusá-la, apenas dizer o que sinto. Sei que você tentou fazer o melhor para mim, mas não me deixou ser criança, não me deixou ser espontânea e livre. Vivi atolada de atividades e responsabilidades. Você não percebe que sou uma garota triste?

Após expressar esses sentimentos, Sarah desatou a chorar. Nunca se permitira demonstrar qualquer fragilidade diante da mãe. Vendia a imagem de uma pessoa dura, determinada, imbatível, mas no fundo queria ser abraçada, beijada e acariciada por ela. Afinal, era apenas uma adolescente.

Ao ouvir essas palavras e vê-la chorando, Elizabeth se desarmou e mergulhou profundamente dentro de si. Pela primeira vez, teve a noção de que o tempo passara rápido, que não vira sua filha crescer. O pai de Elizabeth tinha vivido as atrocidades da Guerra do Vietnã. Era uma pessoa depressiva, negativista, seca e, ainda por cima, alcoólatra. Não aprendera o alfabeto do afeto, por isso nunca o ensinou para Elizabeth, que, por não aprendê-lo, não o transmitiu à pequena Sarah.

Elizabeth sempre ouvia seu pai falar dos horrores da guerra, principalmente quando bebia. Em alguns momentos a sala da casa parecia um pequeno Vietnã. Seu pai gritava, ameaçava e agredia sua mãe. A pequena Elizabeth se escondia debaixo da cama, tremendo de medo. A brilhante executiva do mundo editorial não teve infância e vivia assombrada com seu passado, ainda que não percebesse. Passou privações. Precisou trabalhar desde muito cedo para ajudar a mãe e pagar seus estudos.

Os traumas por que Elizabeth passou foram tão intensos que ela quis transformar sua Sarah numa garota vencedora, que tivesse um grande futuro, sem as dificuldades que ela mesma vivera. Colocou-a no balé, em aulas de canto, natação, línguas, computação, postura. Querendo fugir dos traumas que sofrera com o pai, compreendeu naquele momento que, em nome do futuro de Sarah, causara uma catástrofe no seu passado. Em seguida, lembrou-se das palavras de Marco Polo: "Por trás de uma pessoa que fere há sempre uma pessoa ferida."

Sob o impacto dessa reflexão, Elizabeth percebeu a dimensão dos seus erros e começou a chorar incontidamente, dizendo:

– Meu Deus! O que eu fiz com você, minha filha? Quanto peso coloquei sobre sua vida?

Enxergou finalmente que Sarah não era uma fonte de ingratidão. Sarah queria viver, se soltar, ser ela mesma, mas Elizabeth a sufocava. Descobriu que sua filha era como uma pérola fechada numa ostra.

– Mamãe – disse Sarah comovida e de um modo mais carinhoso –, eu não queria ser repreendida quando sujava a boca com tortas, derramava o leite na mesa, brincava descalça nas praças, tropeçava nas aulas de dança. Não queria ter medo de errar, falhar, dar vexame. Mas durante muito tempo vivi em função dos outros.

– Minha querida filha, me perdoe. Como eu errei tentando acertar! Eu nunca quis que você fosse perfeita, Sarah, mas acho que, sem perceber, exigi isso de você. – E a abraçou como nunca o fizera. Sarah se entregou ao carinho da sua mãe. O abraço foi um brinde à singeleza e à sensibilidade.

Após esse momento fascinante, Sarah também reconheceu seus erros.

– O Dr. Marco Polo falou que adquiri a síndrome PIB, que significa Padrão Inatingível de Beleza. E disse que mesmo uma criança que teve uma infância feliz pode ser vítima dessa síndrome. Eu também cometi falhas. Cuidei excessivamente da minha imagem, e por isso aprendi a me cobrar demais, perdi a simplicidade da vida, passei a me punir, tornei-me amarga e rígida. Eu me esforçava para gostar de mim mesma, mas me rejeitava. – Soluçando, acrescentou: – Ajude-me, mamãe, a ser eu mesma!

– Minha filha, você é encantadora. Eu a amo mais do que tudo nessa vida. Eu a ajudarei, mas me ajude também a descobri-la, a enxergar o que está escondido dentro de você. – As lágrimas continuavam a deslizar pelo rosto de Elizabeth.

Elas se abraçaram novamente. Tinham vivido mais de cinco mil dias juntas no mesmo ambiente, cruzaram mais de um milhão de vezes nas salas, quartos e corredores, mas era a primeira vez que cruzavam suas histórias. Foi um momento solene. Descobriram que não podiam mudar o passado, mas construir o futuro.

∼

As pesquisas e os estudos de Marco Polo o levaram a concluir que o ser humano enxerga a si mesmo e ao mundo através das janelas da memória que abre a cada momento existencial. Se ele abre as janelas *light*, que contêm experiências serenas, tranquilas e prazerosas, elas iluminam sua capacidade de pensar e estimulam a produção de respostas inteligentes, mesmo em situações estressantes.

Mas se ele abrir as janelas *killer*, que contêm experiências fóbicas, ansiosas, angustiantes, o volume de tensão dessas janelas bloqueia a inteligência e assassina a lucidez. As janelas killer contêm imagens distorcidas da realidade. Dependendo das janelas que são abertas, um elevador pode parecer um cubículo sem ar, e uma área do corpo fora do padrão de beleza se transforma num gravíssimo defeito anatômico.

Para Marco Polo, cada ser humano constrói janelas killer no processo de formação da sua personalidade, uns mais, outros menos. Mesmo as pessoas mais coerentes reagem em alguns momentos irracionalmente. Alguns intelectuais, quando lidam com dados lógicos, demonstram uma expressiva racionalidade, mas, quando questionados, contrariados ou ofendidos, são capazes de reagir como crianças, tornando-se nesses momentos prisioneiros das janelas killer. Para o pensador da psiquiatria, as sociedades democráticas não são um celeiro de pessoas livres, pois escondem diferentes tipos de cárceres psíquicos. E o cárcere da ditadura da beleza estava se tornando o mais destrutivo e difundido.

∽

Em outra sessão de terapia, Sarah reclamou de outra área do corpo. O nariz já tinha sido aceito, mas agora achava seu pescoço muito longo. Quanto mais se olhava no espelho, mais o achava comprido. Ela se comparava frequentemente com outras top models. Queria livrar-se desse sentimento, mas as janelas killer que possuía ainda a asfixiavam. Sabia que podia fazer plástica nos seios, aumentá-los ou diminuí-los, mas não podia diminuir o tamanho do pescoço. E também não podia fazer plástica na emoção, para aprender a se curtir e se amar do jeito que era.

Reclamou também que comprava roupas compulsivamente e tinha a sensação de que nenhuma lhe caía bem. A roupa que a animava no primeiro dia de uso, no segundo não gerava excitação e no terceiro produzia decepção.

Observando sua aflição, Marco Polo disse-lhe:

– Beleza não é um cálculo matemático, mas um estado de espírito, Sarah. No passado, as pessoas eram aprisionadas por algemas de ferro; hoje, por algemas emocionais. Qual é a pior prisão? – perguntou, procurando fazê-la superar sua ansiedade.

– Não tenho dúvida de que é a emocional – falou Sarah, pensando que, embora vivesse em liberdade, ela estava algemada por dentro. Tinha tudo e não tinha nada. Felizmente já havia se libertado de algumas das suas algemas.

– Você quer ser escrava do padrão doentio de beleza difundido pela mídia ou quer ser livre? Sem reeducar sua emoção para ser livre, você andará em círculos.

Sarah respirou profundamente. Enquanto o oxigênio penetrava no tecido do seu corpo, as palavras de Marco Polo entravam no tecido da sua alma. Deram-lhe energia para responder taxativamente:

– Quero viver com prazer. Eu já tinha decidido não desistir mais da minha vida, agora vou treinar minha inteligência para repensar o padrão ditatorial de beleza que ajudei a construir.

De fato, Sarah foi parando de cobrar muito de si e de não esperar muito dos outros. Foi passando a enxergar a vida por diversos ângulos, tornando-se um ser humano multifocal. Deu enormes saltos no tratamento. Aprendeu pouco a pouco, com Marco Polo, a contemplar as nuvens, a observar os detalhes da natureza, a conversar com as plantas, dialogar consigo mesma e fazer das pequenas coisas um espetáculo para os próprios olhos.

Assim como seu psiquiatra, Sarah se tornou uma poetisa da vida, brincando, instigando, fazendo da existência uma aventura suave e serena. Redescobriu o prazer de comer sem culpa, fez as pazes com os alimentos. Não se sentia mais na obrigação de ser referencial de beleza, só queria ser ela mesma. Venceu a batalha contra o espelho. Viveu dias felizes até a chegada do inverno.

Capítulo 4

Elizabeth ficou felicíssima ao constatar a superação gradual dos conflitos de Sarah. Entretanto, começou a ter noites de insônia. Refletia sobre a síndrome PIB. Preocupava-se imaginando o impacto que a revista *Mulher Moderna* tinha sobre suas leitoras, levando-as a buscar um padrão inatingível de beleza.

O que realmente seria essa síndrome? Quais eram as suas causas? Quantas mulheres seriam atingidas por ela? Em que idade começaria? Quais seriam os sintomas e as sequelas ao longo do tempo? Perguntas como essas ocupavam a mente de Elizabeth. Afinal de contas, sua revista tinha uma tiragem mensal de um milhão de exemplares. Cada exemplar era lido por pelo menos cinco mulheres; portanto, mais de cinco milhões de leitoras tinham acesso às ideias que ela veiculava periodicamente.

Elizabeth era incisiva, determinada, às vezes até autoritária, com os jornalistas da sua equipe, mas ética era algo que não lhe faltava. Todos os artigos, entrevistas e reportagens tinham como objetivo promover a qualidade de vida da mulher atual, incluindo as adolescentes. Sentia calafrios ao pensar agora que poderia estar contribuindo para prejudicar inconscientemente a personalidade de seus leitores, incluindo homens, pois 15% deles liam a revista. "Será que essa síndrome não está apenas na cabeça de Marco Polo?", questionava-se.

Diante disso, ela o convidou para uma conversa informal sobre o assunto. Chamou também as quatro jornalistas mais experientes de sua equipe para o encontro, que se realizou em seu apartamento. Marco Polo disse que levaria sua esposa, Anna, e um amigo, Sócrates. Elizabeth esperou as amigas no térreo. Com elas chegaram Marco Polo, Anna e Sócrates. Eles se apresentaram.

O velho Sócrates logo encantou as mulheres, beijando a mão de cada uma e dizendo-lhes que poderiam chamá-lo de Falcão.

– Por que o nome Falcão? – perguntaram, curiosas.

– Porque vivi no deserto durante muitos anos. Tive que caçar os predadores, os fantasmas e as fantasias que perturbavam minha mente e roubavam minha tranquilidade – falou figurativa e convictamente. – Por isso sou um Falcão, um viajante dos céus.

Elizabeth e suas amigas se entreolharam. As palavras bizarras, mas inteligentes, as deixaram mudas.

Elas não sabiam que Falcão era uma verdadeira biblioteca ambulante, um ph.D. em filosofia, um pensador irreverente que possuía uma mente privilegiada. Como muitos gênios, fora mutilado pela vida. Falcão tinha vivido uma das mais dramáticas psicoses, que durante mais de duas décadas o debilitou. A psicose o fizera perder tudo: dignidade, status, as aulas na universidade, a família, segurança, prazer de viver. Tinha feito vários tratamentos psiquiátricos frustrados.

Quando não lhe sobrou mais nada, o inteligente mas perturbado Falcão saiu sem rumo, sem endereço, procurando um endereço dentro de si mesmo. Tornou-se um mendigo, perambulou pelo mundo, até que nas ruas conseguiu lutar contra seus fantasmas e pouco a pouco recobrar a lucidez. Depois de muito tempo, encontrou Marco Polo e se tornou seu amigo.

Na época, Marco Polo era um simples estudante de medicina, e não um psiquiatra respeitado. O jovem se encantou com o filósofo mendigo, e o mendigo se encantou com o jovem sonhador. O ex-psicótico ensinou o pretendente a psiquiatra a ver o mundo com sabedoria, e o estudante ajudou o mendigo a retornar para a sociedade e brilhar novamente no palco da vida, em especial na universidade. Falcão reconquistou seu nome – Sócrates –, mas amava o apelido das ruas.

Desde o início dessa amizade, a relação de Marco Polo e Falcão foi marcada pela irreverência. Ambos fizeram peripécias inimagináveis – beijavam árvores, cantavam em praças públicas, falavam da vida com poesia e suavidade. Elizabeth não sabia desse lado borbulhante e filosófico de Marco Polo, mas Sarah, por se tratar com ele, o conhecia muito bem.

Após se apresentarem, entraram todos juntos no elevador. De repente, Falcão começou com suas atitudes incomuns.

– A vida é um grande edifício. Todos sobem e descem, vivem glórias e derrotas, primaveras e invernos, o drama e a sátira – afirmou, filosofando sobre a vida.

Marco Polo entrou em cena. Pegando carona nas palavras de Falcão, completou:

– Cada andar desse edifício representa nossas experiências existenciais. Às vezes, o elevador para entre dois andares, numa experiência traumática, e temos a sensação de que vai faltar o ar, nosso coração acelera, nossa respiração fica ofegante.

Falcão gritou, assustando as jornalistas:

– Tirem-me daqui! – Em seguida, explicou que o medo é um monstro que nos controla, mas, quando o enfrentamos, a porta da mente se abre, o fantasma se dissipa e voltamos a ser livres.

Nesse momento, a porta do elevador se abriu e as mulheres que estavam com o coração acelerado sentiram-se aliviadas. Elas estavam perturbadas com as palavras de Falcão e Marco Polo. Não sabiam se eram loucos ou sábios. Anna se divertia em silêncio, pois sabia que andar com eles era um convite a estilhaçar a rotina.

Ao entrar na sala do apartamento, Falcão chamou a atenção de Marco Polo para um quadro de pintura a óleo. Mostrou a beleza do impressionismo e comentou que o jogo de luz revelava a flutuação da emoção do pintor. Concordando com ele, Marco Polo disse:

– Veja, Falcão! – E, apontando na tela para uma mesa pintada à meia-luz com alguns alimentos e um pincel atirado debaixo dela, explicou: – Talvez nesse momento o "elevador" desse artista tenha parado e ele viveu um inverno existencial, pensou em desistir de pintar, sufocou seus sonhos, colocou sua sobrevivência ilustrada em primeiro lugar pela mesa. Em seguida, porém, retomou sua trajetória. Observe os raios de luz penetrando no ápice do quadro, indicando que ele se superou – concluiu o psiquiatra contemplativamente.

– Todo pintor se pinta na tela – comentou o filósofo, e completou: – Aliás, todos os seres humanos são artistas plásticos, uns bons, outros péssimos, pois todos pintamos a nossa imagem no tecido da personalidade daqueles com quem convivemos.

Elizabeth tinha o quadro havia mais de dez anos, mas nunca enxergara o que Marco Polo e Falcão viram em um minuto. Sarah estava presente na reunião. Ao se sentarem, Marco Polo saiu da poltrona que lhe fora indicada e se colocou diante dos lírios brancos na mesa central da sala. Inspirou seu perfume. Chamou Sarah para junto dele, mostrou a anatomia das flores, as cores sutis que se escondiam dentro dos cálices. Inspirada por ele, a jovem disse:

– Os segredos da felicidade se encontram nas coisas anônimas.

– Parabéns, Sarah – ele disse alegremente, como se a estivesse testando.

Depois que deixara de se deslumbrar pela escultura do corpo, Sarah começou a se fascinar pela escultura do mundo. O Central Park adquiriu outro sabor para ela.

As jornalistas ficaram exultantes com a sensibilidade da dupla de pensadores. Para elas, os psiquiatras eram circunspetos, fechados, donos das verdades, manipuladores de drogas psicotrópicas; e os filósofos eram pensadores herméticos e distantes que divagavam sobre as ideias, incapazes de encantar as pessoas. Admiradas, não sabiam o que as esperava naquele ambiente.

Elizabeth explicou o motivo da reunião e em seguida passou a palavra a Marco Polo. O psiquiatra imediatamente chocou-as dizendo que o sistema social está cometendo uma das maiores atrocidades contra as mulheres. No passado, elas travaram uma árdua luta pelos seus direitos, para serem reconhecidas como seres humanos e terem liberdade de expressão, mas na atualidade estavam sendo aprisionadas sutilmente no único lugar em que jamais deveriam deixar de ser livres – no território da emoção.

Falou sobre as causas da síndrome do Padrão Inatingível de Beleza e de suas consequências. As jornalistas ficaram pasmas com a contundência das suas afirmações. O silêncio era tanto que elas podiam ouvir a própria respiração. Marco Polo explicou que a síndrome PIB não era um simples caso de baixa autoestima e mau humor momentâneo, mas um transtorno psíquico construído ao longo do tempo nos solos do inconsciente, que tinha vários sintomas e poderia gerar uma péssima qualidade de vida. Entretanto, antes de entrar em detalhes sobre essa síndrome, disse que precisaria explicar alguns aspectos básicos sobre o funcionamento da mente e a formação da autoimagem no inconsciente.

Elas não sabiam, nem mesmo Elizabeth, que Marco Polo pesquisava a última fronteira da ciência: o processo de construção de pensamentos, os fenômenos que tecem a inteligência. Preocupado em expor, e não impor, as suas ideias, ele procurou traduzir assuntos complexos numa linguagem simples e agradável.

Começou dizendo que a inteligência humana é multifocal, isto é, possui múltiplos fenômenos que se entrelaçam. Disse que o registro das nossas experiências na memória não depende da vontade humana, como nos computadores. Todos os pensamentos, emoções, fantasias, imagens, enfim todas as experiências psíquicas que são vivenciadas no palco da mente não apenas nos encantam ou nos perturbam enquanto temos consciência delas como são arquivadas automaticamente nos bastidores da mente, construindo múltiplas janelas que nos fazem interpretar a vida e tudo o que acontece ao nosso redor. E afirmou que todas as imagens registradas nessas janelas não podem mais ser apagadas.

Ao ouvir essas palavras, Elizabeth levou um choque. Inteligente, começou a perceber aonde Marco Polo estava querendo chegar e também que o problema era mais grave do que imaginava. Entendeu que todas as imagens de modelos magérrimas nas capas e no miolo da revista penetravam no inconsciente das leitoras e não podiam mais ser deletadas.

Marco Polo comentou que as janelas da memória são territórios que alimentam a construção das cadeias de pensamentos e emoções a cada momento existencial. Cada janela possui inúmeras informações. Quanto maior o número de janelas abertas, mais as nossas respostas poderão ser inteligentes. Relatou que o que abre as janelas é um fenômeno também inconsciente chamado gatilho da memória. Por sua vez, o que aciona o gatilho são os estímulos externos aos quais estamos expostos, em especial os sons e as imagens.

– Temos bilhões de experiências que foram arquivadas em milhares de janelas desde a aurora da vida fetal. E há muitos tipos de janelas – explicou Marco Polo.

Em seguida, tal como fizera com Sarah, falou sobre a formação das janelas light e das janelas killer. Disse que as janelas killer representam as zonas de conflitos no inconsciente, que em alguns casos poderiam ser chamadas de traumas.

Falcão conhecia bem esses mecanismos e sempre os aplicava na filosofia. Por isso, gesticulando como um ator, emendou:

– Vocês já notaram que às vezes, sem nenhum motivo exterior, estamos alegres e motivados? É porque entramos, sem perceber, em algumas janelas light. Outras vezes, sem nenhuma explicação externa, ficamos abatidos, deprimidos, sem encanto pela vida. É porque passeamos pelo inconsciente e ancoramos em algumas janelas killer. A inspiração do poeta, a curiosidade do filósofo, a criatividade de um jornalista, o sentimento de solidão ao entardecer, bem como o medo do elevador dependem das janelas que construímos e abrimos. Através delas vemos o mundo.

Ao ouvir tais palavras, as mulheres relaxaram e respiraram mais profundamente. Marco Polo tomou a frente e continuou o raciocínio de Falcão.

– O jogo de janelas que se abrem em determinado momento pode trazer inúmeras explicações para o comportamento humano, inclusive para nossas contradições. Uma barata é capaz de se transformar num monstro, um chefe pode se tornar um carrasco. O registro doentio das imagens tem o poder de nos controlar.

Antes que Marco Polo começasse a explicar os conflitos que o padrão doentio de beleza difundido pela mídia causa no inconsciente, Helen, uma das jornalistas, interrompeu a conversa. Sob o impacto da explicação do psiquiatra, ela aproveitou o momento para perguntar sobre um grave problema escolar que seu filho adolescente atravessava e que a deixava intensamente ansiosa. Ele estudava muito e sabia toda a matéria quando respondia as questões em casa, mas na escola ia muito mal nas provas.

Marco Polo disse-lhe que esses alunos possuem janelas killer que contêm o registro do medo de falhar, do excesso de cobrança dos pais ou de si mesmos. O fato de estarem diante de uma prova pode detonar o gatilho, abrir as janelas killer e gerar um volume de tensão tão grande que eles bloqueiam as demais janelas que contêm a matéria estudada. Assim, embora inteligentes, têm um péssimo desempenho nas provas.

Helen, que cobrava muito do filho, sentiu que alimentava o trauma dele. Errava muito querendo fazê-lo acertar. Decidiu naquele momento mudar de atitude.

– O medo de falhar acelera a falha, pois bloqueia a psique. O jogo de leitura das janelas da memória pode explicar ainda por que pessoas calmas se tornam explosivas em determinado momento e por que pessoas que se amam podem destruir suas relações – explicou o psiquiatra.

Enquanto Marco Polo falava, Sarah e Elizabeth se entreolhavam. Elas entendiam bem esse mecanismo. Nesse momento, as jornalistas pediram um intervalo na exposição para um pequeno lanche. Precisavam digerir as ideias. Estavam perturbadas. Quando a luz é intensa, antes de iluminar o caminho ela ofusca os olhos.

Capítulo 5

A reunião recomeçou. Marco Polo e Falcão comentaram que o processo de leitura das janelas da memória poderia explicar por que a espécie humana, apesar de desenvolver conhecimento e tecnologia como em nenhuma outra época, ainda convivia com guerras, ataques terroristas, violência de todas as formas e transtornos emocionais.

Começaram então a descrever o que eles consideravam uma terrível violação dos direitos da mulher. Para eles, as mulheres, sem o saber, foram colocadas numa prisão ditatorial. Falcão comentou que quase toda a indústria do lazer, da comunicação e do marketing está alicerçada no poder da imagem. As jornalistas sabiam disso. Ele acrescentou:

– Quando uma leitora ou espectadora está diante da imagem de uma mulher supermagra apontada como exemplar consagrado de beleza em revistas, redes sociais, jornais, TV, cinema, essa imagem é arquivada automaticamente nos solos do inconsciente. Essas imagens vão formando zonas de conflito ou janelas killer, mesmo que elas não queiram ou percebam.

Marco Polo complementou:

– As janelas killer se agrupam como traços num quadro de pintura, formando um padrão killer de beleza, que assassina a autoestima e a autoimagem. Para muitas mulheres, quando estão diante do espelho, a imagem real refletida detona inúmeros gatilhos que abrem as janelas que possuem o padrão doentio de beleza. Então vem o choque. Elas começam a se angustiar e a rejeitar certas partes do corpo, pois a imagem refletida é diferente da imagem escravizadora do inconsciente. O resultado é que centenas de milhões de mulheres se tornam infelizes e frustradas.

As jornalistas sentiram um nó na garganta. Finalmente entenderam o que Marco Polo e Falcão queriam dizer. Descobriram por que a mulher moderna vive insatisfeita e por que elas mesmas que escreviam sobre autoestima, autoajuda, qualidade de vida, felicidade, quando estavam se arrumando diante do espelho, esqueciam-se do que tinham escrito e se angustiavam. Descobriram por que as palestras de motivação funcionavam tão pouco.

– Como a indústria da publicidade contribui para a produção da síndrome PIB? Como a síndrome PIB afeta o consumo? – perguntou Lisa, curiosa.

– A consequência é mais grave do que se imagina. Vejam como se dá o processo. Uma mulher observa imagens das modelos cujos corpos são diferentes do seu. Essas modelos usam roupas, joias, sapatos, xampus, celulares e perfumes que ela gostaria de adquirir. A mulher registra não apenas os objetos do desejo em seu inconsciente, mas a imagem das modelos também. A imagem das modelos estimula a busca paranoica pelo padrão inatingível de beleza que expande a ansiedade, que por sua vez é projetada na necessidade de consumir o objeto. Este processo gera o consumismo. Os homens também são afetados por ele.

Marco Polo fez uma pausa. Esperava uma intervenção de Falcão, que veio bombástica.

– Nas crianças e nas adolescentes, o padrão doentio de beleza afeta as áreas mais importantes da personalidade. Desde cedo elas deixam de se sentir belas, atraentes, e passam a ser controladas pelo desejo asfixiante de serem o que não são. Crianças e adolescentes, inclusive os garotos, querem consumir cada vez mais para tentar tampar o buraco emocional que o sistema predador abriu. Isso pode gerar sequelas que se perpetuarão por toda a vida. Eles nunca mais olharão para si mesmos com singeleza, suavidade, encanto.

Ao ouvirem essas palavras, as mulheres ficaram abaladíssimas. Era muita coisa para processar. Como Elizabeth, começaram a se questionar quanto o padrão de beleza amplamente difundido pela revista *Mulher Moderna*, estabelecido por modelos esquálidas, magérrimas, altas, pálidas, estava contribuindo para gerar uma doença no inconsciente coletivo de mulheres e adolescentes. O coração de algumas batia mais forte, a respiração de outras ficou ofegante.

Além de as modelos serem completamente maquiadas e terem um padrão de beleza fora do comum, a computação gráfica tira todos os "defeitos" que possuem, como manchas, sardas, pintas, verrugas, estrias, celulite. A imagem trabalhada artificialmente nas fotos contribui ainda mais para produzir um padrão tirânico de beleza. As próprias modelos ambicionam ter a beleza com a qual saem nas fotos. A paranoia é geral.

Vendo-as tensas, Falcão brincou:

– Olhem umas para as outras e digam que vocês são lindas.

Topando a brincadeira, elas se elogiaram com um radioso sorriso.

Sarah disse:

– Desde minha pré-adolescência eu pegava as revistas e ficava comparando meu corpo com o das modelos. Sofri muito. Eu rejeitava minha imagem real porque era controlada pela imagem artificial construída na minha mente.

Anna, esposa de Marco Polo, que era uma sensível e inteligente psicóloga, aproveitou a intervenção de Sarah e disse delicadamente:

– Querida Sarah, se você sofria, apesar de o seu corpo estar dentro do padrão de beleza difundido pela mídia, imagine como sofrem as que não têm o manequim, o rosto, os cabelos, as pernas, dentro desse padrão? Imagine como elas devem se sentir discriminadas.

Sarah refletiu sobre as palavras de Anna. Nunca havia se colocado no lugar de suas colegas e amigas. Preocupadíssima, ficou pensando que muitas delas talvez se sentissem discriminadas, mas nunca teve a chance de ajudá-las, pois só se preocupava consigo mesma. A partir desse momento, nasceu uma grande amizade entre Anna e Sarah. Elas decidiram se encontrar com frequência e trabalhar juntas para orientar outras adolescentes a não serem escravas da beleza.

Em seguida, Elizabeth concluiu, para a alegria de Marco Polo:
– Se as jovens se sentem excluídas, imagine o que deve sentir uma mulher de 30 ou 40 anos quando vê as modelos de 14, 15 ou 16 determinando o padrão de graça, sensualidade e beleza. É uma loucura. Elas entram em crise – falou sorridente, mas com um tom de seriedade.

As jornalistas presentes tinham mais de 30 anos e todas rejeitavam alguma parte do próprio corpo. Para Lisa, o espelho era um inimigo.

Ela suspirou e disse:
– Uma mulher de 30 anos nunca terá o corpo de uma adolescente. Elas estão em pleno processo de formação.
– Sim, mas são elas que estão nas passarelas – admitiu Helen. E acrescentou: – Poucas modelos brilham depois dos 20 anos. O mundo da moda as considera velhas demais.
– O estereótipo da beleza gera um câncer emocional – afirmou Marco Polo enfaticamente.

Falcão era especialista em estereótipos, pois já havia sido tachado de louco, psicótico e parasita da sociedade. Entrando na conversa, comentou que todo estereótipo é um padrão rígido, exclusivista e doentio. Ele classifica as pessoas por meio de determinados comportamentos. Comentou que há o estereótipo dos doentes mentais, dos usuários de drogas, dos hippies, dos executivos de sucesso, dos alunos brilhantes, da beleza. E, olhando para Helen, disse:

– Por exemplo, o estereótipo dos alunos brilhantes inclui os alunos que estudam muito, vão bem nas provas, são bem-comportados e exclui os que não têm bom desempenho, como o filho de Helen, e os que são inquietos, agitados, ansiosos. Os primeiros são valorizados e encorajados, porque estão dentro do estereótipo, e os demais são rejeitados e considerados incompetentes. Ao serem excluídos desse estereótipo, abortam seu potencial intelectual. – Em seguida, Falcão fez uma pausa e acrescentou: – Jovens como Einstein estavam fora do estereótipo de alguém que brilharia na ciência, mas ele rompeu a armadura do estereótipo e brilhou. Já fui excluído, considerado psicótico, mas sobrevivi, superei minhas crises e hoje oriento doutorandos em filosofia. Porém, poucas pessoas conseguem romper o cárcere dos estereótipos – falou o fascinante pensador.

Elizabeth, iluminada, respirou profundamente e exclamou:

– Meu Deus! Creio que o estereótipo de beleza tem causado uma verdadeira masmorra psíquica.

Desse momento em diante, a expressão "ditadura da beleza" passou a fazer parte do vocabulário dessas mulheres como algo repugnante.

– A vaidade da mulher não deveria ser abolida, mas refinada, lapidada como um diamante. Vocês deveriam ir aos salões de beleza não para ficarem bonitas, mas para ficarem mais bonitas, porque já são belas e encantadoras com o corpo que têm, com a graça que possuem.

Elizabeth e algumas amigas aplaudiram as palavras de Marco Polo. Para ele e Falcão, cuidar da beleza e procurar se sentir atraente era um sinal de vida, um reflexo de saúde psíquica, pois sem entusiasmo pela existência a vida seria um tédio, um convite à depressão. No entanto, a vaidade compulsiva, o hábito de gravitar na órbita do corpo, rejeitá-lo e invejar a beleza que não se possui era um sinal claro do adoecimento psíquico.

Falcão foi mais longe no seu diagnóstico. Sem medo de expressar o que pensava, afirmou:

– Os jornalistas e as jornalistas são poetas da vida, mas o falso ideal de belo difundido na mídia mundial tem destruído a relação da mulher com seu corpo e com a vida.

Marco Polo interveio, abordando algo importantíssimo e grave:

– Se o Índice de Massa Corporal, IMC, que é o índice usado pela Organização Mundial da Saúde para medir o peso das populações e o padrão básico de saúde, fosse aplicado às modelos, elas seriam, na maioria, consideradas doentes e desnutridas.

É claro que as jornalistas já conheciam essa informação, mas Marco Polo fez questão de lembrar que o IMC é calculado dividindo-se o peso em quilogramas pelo quadrado da altura em metros. De acordo com a Classificação Internacional de Doenças (CID), o índice de massa corporal igual ou inferior a 17,5 pode ser sugestivo de anorexia nervosa. O IMC considerado saudável é de 20. Grande parte das modelos tinha o índice de massa corporal em torno de 13 e 14. Estavam completamente desnutridas, não possuíam musculatura, somente pele e ossos, o que diminuía a longevidade e causava uma série de transtornos físicos e psíquicos. Algumas não tinham energia para correr, praticar esportes, levar uma vida feliz. Brilhavam nas fotos, mas eram torturadas na vida.

– Estamos destruindo a saúde de milhares de modelos e da maioria das mulheres das sociedades modernas que se espelham no seu padrão de estética. Ficaremos calados? – instigou Marco Polo.

Não era possível calar-se. Entretanto, uma voz destoante entrou em cena.

– Acho que você está fazendo um drama sobre o assunto, doutor. Beleza é fundamental. Não concordo com suas ideias. Não quero perder tempo com essa baboseira. – Margareth falou agressivamente e saiu sem se despedir.

Pela ética da revista *Mulher Moderna*, as jornalistas não podiam ser sócias de agências de modelos, para evitar que influenciassem as revistas a fotografar as modelos da sua agência. Margareth era sócia de uma agência, porém tinha um contrato de gaveta, que poucas pessoas sabiam. Ganhava três vezes mais na agência do que como jornalista. As palavras de Marco Polo lhe causaram arrepios, mexeram no seu bolso e por isso ela rejeitou seus argumentos.

O clima ficou tenso por um momento. As amigas se entreolharam, desconfiando do que estava por trás da reação impulsiva de Margareth. Porém, continuavam interessadíssimas no assunto. Susan, uma jornalista bem crítica do capitalismo selvagem e do consumismo, tomou a frente e questionou Marco Polo:

– Se nas sociedades modernas existem mais de dois bilhões de mulheres com acesso a TV, internet, cinema, revistas, jornais, materiais de propaganda, você está dizendo que crê que a maioria delas, enfim, pelo menos mais de um bilhão de mulheres são afetadas por essa síndrome, têm um transtorno da autoimagem?

– Sim! Embora, não haja dados estatísticos, creio que grande parte das mulheres possui alguns dos sintomas da síndrome PIB. Mas precisamos entender que essa síndrome é causada não apenas pela difusão das imagens das modelos magérrimas, mas também pela difusão das imagens da beleza incomum na TV, cinema, comerciais, ainda que não sejam esqueléticas – alertou Marco Polo.

Para o psiquiatra, nenhuma mulher, por mais bela que seja,

preenche os requisitos da fusão dos milhares de imagens em seu inconsciente, pois essa imagem nunca é a imagem de si mesma.

– Mamãe, eu tenho várias amigas modelos depressivas – falou Sarah, contribuindo com a discussão. – Algumas lindíssimas, mas não sentem vontade de viver, pois sempre acham que têm algo em excesso, algo faltando ou algo para corrigir em seu corpo. Vivem malucas como eu vivia...

Depois de dizer essas palavras, Sarah pegou uma barra de chocolate, ofereceu às amigas de sua mãe, que se recusaram a comer. Ela, então, degustou-a prazerosamente, lambendo os lábios e os dedos. Lisa, que era amiga íntima de Elizabeth, sabia do passado de Sarah. Ficou encantada em vê-la feliz, tranquila e livre. Como ajudava a decidir as capas da *Mulher Moderna*, imaginou que seria o momento de convidar Sarah para posar para a revista. Sabia que Elizabeth sonhava com isso, mas nunca faria essa proposta, pois não usaria a influência de seu cargo para favorecer a filha.

De repente, Helen interrompeu a introspecção de Lisa e abordou com sinceridade:

– Embora tenha 40 anos e me ache madura e experiente, tenho medo de envelhecer, de não ser amada, de não ser notada nem cortejada. A paranoia da eterna juventude está me matando. – Em seguida, perguntou: – Quais são os sintomas da síndrome PIB?

Marco Polo fez uma descrição dos principais sintomas dessa insidiosa síndrome:

– São vários: preocupação excessiva com a estética, dando mais atenção à aparência física do que a outros aspectos da vida, como sonhos, projetos e conquistas; tempo exagerado gasto diante do espelho; rejeição crônica de uma área do corpo; preocupação excessiva com roupas; consumismo exacerbado; preocupação obsessiva com o que os outros pensam e falam de si; medo de não ser aceita; medo exagerado de envelhecer; baixa autoestima; ansiedade; humor triste; irritabilidade; autopunição.

Marco Polo ainda comentou que às vezes a síndrome PIB pode gerar um estresse tão grave que produz sintomas psicossomáticos, como dores de cabeça, dores musculares, vertigem ou tontura, gastrite, fadiga excessiva, excesso de sono ou insônia, transtorno alimentar. Explicou também que três a quatro sintomas caracterizam a existência da síndrome, principalmente quando há pelo menos dois deles ligados à autoimagem. Quando os sintomas não são exacerbados, a síndrome PIB não compromete a saúde psíquica, mas pode dissipar a leveza da vida.

As amigas de Elizabeth perceberam que tinham vários dos sintomas descritos por Marco Polo. Susan, inquieta, perguntou:

– Qual a relação da síndrome PIB com anorexia nervosa e bulimia?

– Quando a síndrome PIB for intensa, pode aumentar a probabilidade de desenvolver essas doenças em pessoas que já têm essa tendência. Também pode evoluir para depressão e fobia social, levando as pessoas a terem dificuldade de trabalhar em equipe e frequentar lugares públicos. No exato momento em que estamos discutindo este assunto, infelizmente milhares de mulheres estão deprimidas e pensando em desistir da vida nesta cidade porque não têm um caso de amor com elas mesmas.

As palavras de Marco Polo levaram sua esposa a recordar a própria infância. A mãe de Anna tinha alguns sintomas da síndrome PIB – nunca se achava bela, vivia se autopunindo e se diminuindo. Tentava impressionar o marido, o milionário Lúcio Fernandes, mas ele nunca a elogiava e costumava comparar o corpo dela com o de outras mulheres. O sentimento de rejeição expandia suas crises depressivas.

O frio Lúcio Fernandes entendia de números, mas não de sentimentos. Por fim, a mãe de Anna, por não se tratar adequadamente, tirou a própria vida. Quando a mãe morreu, a pequena filha parou de brincar, sorrir, amar. A partir daí, Anna começou a se achar feia, horrível, mal-amada e rejeitada. Reproduziu, assim, alguns sintomas da mãe.

Saindo do devaneio, Anna voltou ao apartamento de Elizabeth e contou para as jornalistas que seu pai a criara cercada de empregados, joias e roupas de grandes estilistas. Vestia-se impecavelmente, vivia na moda, mas era uma miserável vivendo como rainha. Ficava diariamente de duas a três horas diante do espelho tentando se arrumar, mas havia se abandonado. Fez psicoterapias, mas não lutava para sair do seu caos psíquico. Como estudante de psicologia, conhecia teorias psicológicas, mas na prática não sabia aplicá-las.

– Um dia, porém, o furacão Marco Polo passou por minha vida – disse brincando e cheia de amor pelo marido pensador. – E aprendi a me apaixonar por ele e pela vida.

Anna começou a fazer da sua vida uma aventura. Seu pai tentou impedir de todas as formas que um psiquiatra entrasse na família, pois tinha medo de ser analisado e questionado. Inclusive no dia do casamento tentou destruir a relação dos dois, mas não conseguiu.

O relato transparente e maduro de Anna deixou as jornalistas profundamente admiradas. Elas ficaram impressionadas com a sua sensibilidade e simplicidade, sobretudo sabendo que era filha do magnata Lúcio Fernandes, de quem todas já tinham ouvido falar, pois era um personagem constante nas colunas sociais e nos meios de comunicação. Marco Polo, Anna e Falcão estavam abrindo o leque da inteligência das jornalistas, formadoras de opinião, porque eram simplesmente apaixonados pela humanidade.

No final da reunião, Elizabeth e suas amigas estavam impactadas e mobilizadas. Elas se perguntavam constantemente: "Por que será que poucos percebem que a saúde psíquica da mulher atual está sendo jogada no lixo? Por que o mundo está anestesiado?"

Marco Polo finalizou com estas palavras:

– É fácil comprovar se a síndrome do padrão inatingível de beleza é um delírio ou uma realidade. Qualquer pesquisa qualitativa e quantitativa sobre autoestima e autoimagem da mulher atual pode revelar isso. Verifiquem se há tal pesquisa no mundo, ainda que seja em apenas um país.

E Falcão arrematou:

– A vida é belíssima, mas muito breve. Por ser tão bela e tão breve, devemos vivê-la na plenitude, nos libertar de tudo o que nos aprisiona. Se estivermos corretos, vocês devem correr riscos e começar uma pequena revolução no seu meio profissional – disse, desafiando-as.

As amigas levaram um choque de lucidez. Saíram atônitas da reunião. Tiveram várias noites de insônia. Toda vez que olhavam para as fotos das revistas, os comerciais de TV e os filmes, identificavam os tentáculos da ditadura da beleza.

Elizabeth, profundamente incomodada, aceitou o desafio, destacou algumas jornalistas e também a sua secretária para verificar se havia dados que pudessem dar respaldo a essa embrionária batalha. Ela estava disposta a investir nesse projeto e fazer dele o mais importante de sua carreira. Desse modo, uma pequena lagarta começou a formar um casulo. Ela sonhava tornar-se uma exuberante borboleta e voar alto. Todavia, não tinha ideia das tempestades que sobreviriam.

Capítulo 6

Lisa caminhava a passos largos na redação da revista *Mulher Moderna*. Havia acabado de ter uma reunião com o poderoso Robert, diretor-geral do grupo Eccos de Nova York, que editava 13 revistas, das quais *Mulher Moderna* era a mais prestigiada. Robert, um executivo calculista e ambicioso, amava os números, em especial quando se tratava de dólares. Participava das decisões sobre as pautas das revistas e opinava sobre as capas. Por causa de seu autoritarismo, a última palavra era sempre a dele.

Sem bater na porta, Lisa entrou eufórica na sala de Elizabeth e lhe deu a grande notícia.

– Estive reunida com Robert. Lembra da foto de Sarah que você me deu no mês passado? Mostrei a ele e ele gostou muito. Então, sugeri que ela fosse capa da revista do próximo mês.

Elizabeth, surpresa, ficou com a voz embargada.

– E... então?

– Ele aceitou! – bradou Lisa como se tivesse ganhado um troféu. Estava feliz pela amiga e por Sarah.

Elizabeth quase caiu da cadeira. Não podia acreditar. Esperava ansiosamente por esse fato. Sarah já havia sido capa de várias revistas, mas nunca da *Mulher Moderna*, uma das mais respeitadas no mundo. A notícia de Lisa irrigou sua emoção com prazer indescritível. Por instantes, olhou para dentro de si, recordou as batalhas que enfrentara por Sarah e pensou que chegara a hora de sua filha brilhar em todo o país e deslanchar na carreira internacional. Ainda mais num momento em que Sarah estava tão feliz.

Imediatamente, Elizabeth ligou para a filha. Estava tão excitada que não acertava digitar direito o celular. Lembrou-se da outra vez em que tivera dificuldade de digitá-lo. Na época havia desespero, agora havia uma fonte de prazer. Com o tratamento, Sarah deixara de ser uma jovem insuportável para tornar-se uma pessoa sociável, sempre rodeada de amigas. Quando sua mãe telefonou, Sarah estava saindo da escola, sorrindo, descontraída.

– Você está sentada? Tenho uma grande notícia para lhe dar – disse Elizabeth, exultante.

– Estou na rua! – ela falou sorrindo. – Não há bancos ou cadeiras para sentar. Mas diga logo – comentou com ansiedade, enquanto saboreava uma suculenta maçã.

– Você será capa da revista *Mulher Moderna* do próximo mês.

Sarah engoliu o bocado. Parou de andar. Respirou fundo e disse:

– Você está brincando comigo?

– Nunca falei tão sério, minha filha. E não foi sugestão minha. Lisa propôs a Robert e ele aceitou. Lisa vai falar com você. Agradeça muitíssimo, pois ela sempre torceu por você – completou Elizabeth.

Sarah estava mais solta. A carreira de modelo já não era vivida como um peso, mas com prazer. Por isso, a notícia teve outro sabor, uma euforia mais serena, madura, agradável.

Lisa pegou o telefone e falou:

– Parabéns, Sarah! Você será a nossa capa, a mais bela capa que a *Mulher Moderna* já produziu.

– Muito obrigada, Lisa. Este será o momento mais importante da minha carreira. Você é tão maravilhosa que não tem a síndrome PIB – disse, brincando.

– Você merece! – falou com convicção. – Mas, quanto à síndrome, outro dia comecei a perceber que tenho alguns sintomas. Essa coisa é contagiante – brincou também.

– Mil beijos para você e para a mamãe – disse, despedindo-se. Mas, antes que Sarah desligasse seu celular, Lisa acrescentou:

– Olha! A sessão de fotos começará daqui a 10 dias. Se cuide, menina.

– O.k.! Vou estar lindérrima – desligou, animadíssima.

Sarah seguiu, cantarolando e fazendo passos de dança. Sua alegria transbordante envolvia as amigas. Elas ficaram impressionadas com as mudanças ocorridas em sua vida nos últimos meses. Quando Sarah lhes contou a novidade, todas ficaram excitadíssimas. Fizeram-lhe cócegas e dançaram com ela no meio da rua. Estavam diante de uma celebridade. Sarah pediu que guardassem segredo, mas não conseguiram. No dia seguinte, todos os alunos sabiam que Sarah seria capa da revista que entrevistava atores e atrizes de Hollywood, grandes personagens da literatura e da política internacional.

Um professor brincou com Sarah na sala de aula:

– Pessoal! Estamos diante da próxima capa da *Mulher Moderna*!

Todos bateram palmas.

– Ela merece um ponto a mais na matéria – disse o professor descontraindo a turma.

– Puxa-saco! Puxa-saco! – gritaram os garotos em coro.

– Vocês também merecem um ponto a mais na matéria por serem amigos dela – completou.

Os alunos assobiaram, gritaram. A festa foi geral. Todos cumprimentavam Sarah. Ela pediu silêncio e, num gesto sublime, disse:

– A beleza está nos olhos de quem vê.

Um colega exclamou admirado:

– Uau, Sarah está filosofando.

Sarah comentou que essa frase se encontrava no site que ela e uma amiga psicóloga, chamada Anna, tinham montado. O site chamava-se "Abaixo a ditadura da beleza!".

Na primeira página do site havia cinco frases que causavam impacto nos internautas e questionavam os valores humanos, estimulavam a liberdade e resgatavam a autoestima:

- O seu espelho não tem problemas, você é que distorce a sua imagem.
- Não há dois seres humanos iguais nem duas belezas iguais.
- Faça escolhas! Tenha um caso de amor com você mesma.
- Consuma menos produtos e mais ideias.
- O tempo da escravidão acabou: diga não à ditadura da beleza.

O site estava ajudando mulheres adultas e adolescentes de todo o mundo, e homens também, a resgatar o prazer de viver à medida que se reeducavam com as informações contidas ali. Mesmo os que pensavam em suicídio, os tímidos, os fechados e os que se isolavam por terem vergonha de si mesmos deram um salto em sua qualidade de vida.

Ao meditar sobre a frase de Sarah, um garoto brincou:

– Eu vejo que você é linda.

– Vocês não entenderam a frase – tentou corrigi-los. – Beleza está nos olhos de quem interpreta. Todo ser humano tem sua beleza. Precisamos encontrar a nossa beleza, mesmo que não estejamos dentro do padrão da mídia. Há colegas aqui que são tão ou mais bonitas do que eu – falou com humildade diante de uma classe atônita e silenciosa.

"Quem seria mais bonita do que Sarah?", pensaram.

Em seguida, Sarah encaminhou-se para sua amiga Shirley, que, devido a um acidente, tinha um defeito na face e andava mancando. Ao se aproximar, fixou seus olhos nela e disse:

– Shirley, você é maravilhosa, linda, bonita, bela. Você merece mais destaque do que a capa de uma revista. Merece estar na capa do coração de qualquer garoto que saiba ler a linguagem da sensibilidade. – E, beijando o rosto da amiga, completou: – Obrigada por você existir e por ser minha amiga.

Os olhos de Shirley se encheram de lágrimas. Jamais tinha sido tão valorizada, nunca se sentira tão acolhida. Vários colegas também sentiram os olhos lacrimejarem. Todos se emocionaram. Até mesmo os garotos se permitiram chorar e abraçaram uns aos outros. Todos aplaudiram a si mesmos, inclusive o professor. Aplaudiram o espetáculo da vida.

∽

Chegou o grande dia da sessão de fotos. Sarah estava animadíssima. A preparação no camarim foi longa. A equipe de cabeleireiros, maquiadores e estilistas gastou cinco horas arrumando-a. A escolha de uma foto para a capa e algumas para o miolo da revista foi um verdadeiro sacrifício. A imagem da capa era responsável por 20% a 30% das compras espontâneas da revista nas bancas. Quando o dinheiro está em jogo, o projeto visual deve ser bem definido e as falhas, prevenidas.

Alguns vestidos foram escolhidos e outros produzidos a toque de caixa para Sarah. Alguns eram mais clássicos, outros, mais modernos, para que ela pudesse mostrar todo o seu encanto, a sua graça, o seu corpo.

Alan Parkes, um fotógrafo francês que morava havia 30 anos em Nova York, foi selecionado para clicar Sarah. Ele havia fotografado as modelos mais cobiçadas do mundo da moda, bem como as celebridades mais cultuadas de Hollywood. Trabalhava não apenas com luz, espaço e sombra para obter a melhor imagem, mas atuava no psiquismo das beldades, conversando com elas prolongadamente, procurando relaxá-las para extrair sua espontaneidade, mesmo que fossem rígidas e emocionalmente engessadas. Parkes era um artesão da imagem.

Ele não precisava mais provar sua competência, os prêmios internacionais que ganhara testemunhavam eloquentemente sua habilidade. Estava no auge da carreira, mas também no auge do tédio profissional. Já não suportava o vazio existencial e o superficialismo intelectual de certas celebridades. Tentava extrair delas sabedoria, mas extraía futilidades. Fotografava algumas sem prazer.

Quando começou a conversar com Sarah, imediatamente se emocionou. Em seu longo diálogo com ele, Sarah lhe contou o drama da bulimia. Disse que cinco meses antes tentara desistir da vida, mas hoje estava se apaixonando por ela. Curtia os amigos, uma boa comida, as festas. Embora ainda tivesse alguns "grilos", não vivia mais em função dos outros.

– Parkes, hoje eu uso a imagem para viver, não vivo para a imagem – falou francamente para o experiente fotógrafo, sem medo de ser repreendida.

O fotógrafo descobriu que os vales da dor tinham produzido belíssimas flores em Sarah. Percebeu que estava diante de uma das jovens mais transparentes e encantadoras que já conhecera.

Elizabeth não apareceu no estúdio. Estava nervosa. Não queria atrapalhar esse momento mágico da filha. Enquanto Parkes trabalhava a luz e o espaço, imaginava a masmorra escura em que Sarah vivera, punindo-se, mergulhada em crises depressivas. Agora a jovem sorria espontaneamente, sem que ele a estimulasse. Captava com sua supercâmera uma beleza interior que ultrapassava em muito os limites da imagem física. Sarah estava um pouco acima do peso das magérrimas modelos que fotografava, mas raramente vira alguém tão linda.

Dois dias depois, as fotos ficaram prontas. Lisa foi a primeira a recebê-las. Imediatamente levou-as à sala de Elizabeth. A mãe ficou paralisada diante da imagem da filha. Examinaram uma por uma, como um garimpeiro que observa atentamente os veios das rochas.

Ambas levaram as melhores fotos para Robert. Ele não se levantou para cumprimentá-las. Apenas disse: "Oi." Pegou as fotos e começou a avaliá-las. Seu semblante mudou. À medida que passava os olhos sobre cada imagem, mostrava um ar de frieza e descontentamento. Subitamente, pegou a foto de Sarah que Lisa havia mostrado dois meses antes da sessão de fotos com Parkes.

– Sarah engordou! – esbravejou. – Está diferente da foto que você me deu, Lisa. – Falou sem esconder a indignação.

– Não, ela está linda! – rebateu Lisa, tentando contornar a situação. – O próprio Parkes se encantou com ela.

– Ela pode estar bonita por dentro, mas não fisicamente. Está fora do padrão das nossas modelos – afirmou ditatorialmente, jogando as fotos sobre a mesa.

Havia anos que Elizabeth já não conseguia engolir a arrogância do chefe. Tinha uma coisa entalada na garganta para lhe dizer, principalmente depois de dois episódios de assédio sexual. Não o denunciara com medo de comprometer a imagem da revista e perder o emprego.

– Você é um carrasco – exclamou Elizabeth.

– Nunca mais me chame de carrasco, se não quiser enfrentar minha fúria e ir para a rua! – ele falou aos brados e sentenciou. – Sua filha não será capa. Ela está gorda! Arrume outra modelo imediatamente, Lisa.

O teto desabou sobre Elizabeth e Lisa. As duas saíram desnorteadas, chamando Robert de mentecapto e tirano. Começaram a sentir na carne a teia complexa que gera o padrão inatingível de beleza. Sarah havia engordado seis quilos, estava muito mais linda, expressando uma saúde e vitalidade que não possuía antes. Media 1,70 metro e pesava 56 quilos. Ainda estava bem magra, mas não para o insano padrão do mundo da moda.

Lisa sentia-se culpada. Não parava de pedir desculpas a Elizabeth. Queria também se desculpar com Sarah. O que seria o maior evento da carreira da jovem ia se transformar em sua maior frustração.

Atordoada, Elizabeth procurou a melhor maneira de falar com a filha. Tinha receio de que Sarah tivesse uma recaída, que não estivesse suficientemente alicerçada para suportar tamanha decepção. Agora que comia sem culpa, tinha sido considerada obesa; agora que se sentia livre, fora discriminada. "Que mundo maluco é esse em que vivemos", pensou.

Realmente, Sarah teria de passar por um teste dificílimo de suportar. No passado, ela se rejeitava, mas nunca sofrera uma rejeição social nem um vexame público. Agora, além de ser excluída da revista, teria de enfrentar todos os seus colegas que ansiavam por vê-la na capa. Mais do que tudo isso, a recusa de Robert era uma espécie de sentença contra a carreira internacional de Sarah. Se ela quisesse seguir essa trajetória, teria de mudar seu estilo saudável de vida, voltar a ser magérrima. O preço seria altíssimo, quase impagável.

Ao entrar em casa, Sarah veio correndo ao encontro da mãe perguntando sobre as fotos.

Elizabeth tentou ser espontânea, mas não conseguiu. Fez um momento de silêncio e, com a voz trêmula, expressou:

– Ficaram lindas. Todos os que as viram, amaram.

– Mãe, o que está acontecendo? – disse a jovem ansiosamente, captando algo no ar.

Elizabeth, com lágrimas nos olhos, respondeu:

– Realmente todos acharam lindo seu book, mas Robert viu um pequeno problema.

– Como assim, mamãe? – Sarah ficou tensa, experimentando um frio gélido percorrer-lhe a espinha.

– Robert achou que você engordou um pouco em relação à foto que ele tinha analisado. Achou que não é o momento para você ser capa da *Mulher Moderna*. Pediu para colocarmos você no miolo da revista e esperarmos outra oportunidade. Desculpe-me, minha filha. Lisa e eu estamos perplexas – disse, tentando suavizar a agressividade com que o executivo tratara a imagem.

Sarah abandonou-se nos braços da mãe. Mas logo depois se soltou e, revoltada, foi para o quarto e se trancou. Chorou muito. Começou a imaginar a vergonha por que passaria, sentiu-se profundamente discriminada, temeu pelo seu futuro profissional. Tinha acabado de comer uma torta de maçã. Começou a passar mal. Foi até o banheiro, colocou o dedo na garganta e, quando ia provocar o vômito, olhou nos seus olhos refletidos no espelho. Parou e falou para si mesma: "Não! Outra vez escrava, não! O mundo da moda pode não me aceitar, mas eu preciso me aceitar."

Nesse momento, alguém bateu na porta do quarto. Era sua amiga Shirley. Preocupada com Sarah, Elizabeth a chamou. Shirley abriu a porta e, ao ver Sarah, acelerou os passos com dificuldade, pois queria abraçá-la.

Sarah recebeu carinhosamente o afeto da amiga. Shirley não falou muito, mas seu silêncio era melhor do que mil palavras. Sarah contou-lhe como fora rejeitada. Após ouvi-la, chegou a vez da amiga que tinha defeitos físicos ajudá-la a resgatar sua autoestima.

– Sarah, eu aprendi com você a me sentir linda, a me enxergar como um ser humano. Não me decepcione. Você é maravilhosa do jeito que é.

Ao observar o rosto sereno da amiga e ao sentir a dimensão das suas palavras, Sarah tomou uma decisão. Resolveu lutar pelos seus sonhos. Seu sonho era ser escritora. Sentiu-se tão forte naquele momento que resolveu escrever no seu site a sua história.

Foi ao encontro da mãe e surpreendeu-a com esta atitude:

– Agora que eu sou o que sou, o sistema ama o que não sou. Não abro mão da minha liberdade. Se for necessário, encerro minha carreira.

Elizabeth quase desmaiou. Milhões de dólares estavam em jogo, mas Sarah acabava de descobrir que status nenhum, dinheiro nenhum, fama nenhuma poderiam ser mais importantes do que a sua consciência, a sua saúde e o seu prazer de viver. E foi isso que aconteceu. A modelo que tinha tudo para ser a mais famosa do mundo faria mais alguns desfiles e encerraria precocemente a sua carreira. Sarah não quis mais ser magérrima e viver uma farsa. Queria simplesmente ser feliz.

Sua história relatada no site ajudou milhares de pessoas a superarem as garras da ditadura da beleza, a evitarem o suicídio, a terem coragem para superar a anorexia, a bulimia, a depressão e a baixíssima autoestima. A paixão de Sarah pela vida foi contagiante. Recebeu muitas mensagens animadoras.

Um garoto de 15 anos escreveu-lhe: *Querida Sarah, frequentemente eu me perguntava: "Qual o sentido da minha vida? Por que vale a pena viver?" Levava diariamente mais de três horas me arrumando para sair de casa. Seguia um ritual angustiante. Tomava banho três vezes por dia, trocava de roupa umas 10 vezes, penteava e despenteava meus cabelos umas 15 vezes, mas nunca estava satisfeito. Quando saía, em vez de relaxar, eu ficava prestando atenção para ver se os outros estavam me olhando. Eu me sentia um robô tentando ser gente. Mesmo fazendo tratamento, me achava a pessoa mais infeliz desta Terra. Ao ler a sua história, comecei a acreditar na vida e a começar a gostar de mim. O tempo da escravidão acabou, hoje fico no máximo meia hora me arrumando. Resolvi ser inteligente, resolvi ser livre. Torça por mim e obrigado por sua força.*

Uma mulher de 25 anos escreveu: *Querida Sarah, eu sou obesa e, como muitas pessoas obesas, me sentia intensamente rejeitada, excluída, tinha vergonha de ir à praia, de provar roupa nas lojas, de usar um vestido. Quando eu era criança, me chamavam na escola de "elefante branco". Nunca mais esqueci que me trataram como um animal e não como um ser humano. Era a melhor aluna da classe, mas a mais infeliz. Isolei-me, raramente ia a festas e a encontros sociais. Tinha vergonha de mim e ódio do mundo, mas sua corajosa história me estimulou a me ver com outros olhos. Como é gostoso não viver em função da ditadura da estética. Como é gostoso se sentir gente. Obrigada pela sua vida.*

Uma mulher de 50 anos escreveu: *Querida Sarah, sou economista, mas, embora fosse eficiente no trabalho, me substituíram por uma jovem incompetente, mas bonita e com salário menor. O sentimento de rejeição foi mais forte do que a razão lógica. Sabia que deveria levantar a cabeça e lutar, mas a matemática da emoção venceu a matemática dos números. Sentir-se velha numa sociedade que supervaloriza a juventude é terrível. Sempre fui cortejada, amada e querida. Hoje, raramente alguém presta atenção em mim. Deus nos criou como seres humanos, mas nós criamos objetos humanos. Eu me sentia um objeto, deprimida e sem coragem de lutar pelo meu espaço. Tenho vergonha de dizer, mas diariamente eu pensava em morrer. Entretanto, ao ver como você foi descartada mas não se dobrou aos pés do sistema, resolvi também apostar na minha liberdade. Vou procurar um psicoterapeuta. Prometo para mim e para você que não desistirei mais da vida. Você é maravilhosa.*

Sarah e Anna ficaram comovidas pelas inúmeras mensagens que receberam, mas a de um pai angustiado as levou às lágrimas: *Querida Sarah, amante da vida. Quem lhe escreve é um pai deses-*

perado, abatido, infeliz. Sou advogado e tenho grande sucesso profissional, mas estou falido emocionalmente. Tudo o que mais amo nesta vida, minha pequena filha Rosie, está morrendo diante dos meus olhos sem que eu consiga fazer nada. Rosie está com anorexia nervosa e se recusa a comer porque não quer engordar.

Cobrei demais que ela emagrecesse quando estava gordinha. Tinha medo de ela não ser aceita socialmente. Hoje, choro ao ver seu corpo esquelético e imploro para que ela se alimente, mas minhas palavras não encontram eco no seu coração. Ela resiste a todos os tratamentos.

Fui um advogado-pai, e não um pai-advogado. Confesso que cometi um crime que não está na lei: bloqueei a infância de Rosie, preocupei-me excessivamente com sua estética e com seu futuro. Matriculei-a em inúmeros cursos, coloquei limites, dei lições de ética, mas esqueci de dar-lhe meu ser, minhas lágrimas, meus sonhos. Esqueci de contar meus medos e meus erros para que ela aprendesse a não ter medo de viver nem de errar.

Queria tê-la amado mais e trabalhado menos. Queria tê-la elogiado mais e criticado menos. Queria tê-la compreendido mais e julgado menos. Queria tê-la abraçado e beijado muito mais e dado menos presentes. Mas hoje não posso fazer nada disso, pois minha querida filhinha está morrendo.

Sua história reacendeu uma pequena chama em minha debilitada esperança. Eu não costumo pedir favores às pessoas, mas lhe peço de todo o coração: será que você poderia tentar conversar com a minha Rosie? Ela se recusa a ler qualquer coisa, mas talvez se animasse se você contasse sua história de viva voz. Temo que ela só aguente viver mais um mês. Mesmo que você não possa visitá-la, agradeço sua atenção e sua coragem de viver.

Comovida, Sarah aceitou o desafio. A família de Rosie também morava em Nova York. Para a felicidade do Dr. Paul McMeel, pai de Rosie, no dia seguinte Sarah foi à sua casa, uma enorme mansão com um grande bosque na frente. O Dr. McMeel era um dos mais renomados advogados criminalistas do país, mas não havia brilho em seus olhos. Ao encontrar Rosie, Sarah ficou estarrecida com a sua figura. Uma ficou muda diante da outra. Após o primeiro impacto, Sarah tentou dizer algumas palavras, mas Rosie se recusava a fazer qualquer contato.

Sob o impacto da gravidade do caso, Sarah falou com os pais de Rosie sobre Marco Polo, e eles resolveram procurá-lo. Era mais uma entre inúmeras tentativas de tratamento. Após dois encontros, Rosie acabou ouvindo com muita desconfiança a história de Sarah, achando que tudo aquilo era uma armação dos seus pais. Sarah encarou como um ato de amor procurar conquistar a amizade de uma adolescente de 17 anos cujo aspecto físico era o de uma pessoa idosa.

Capítulo 7

Rosie, quando criança, colecionava todas as bonecas Barbie. Era gordinha, mas queria ter um corpo esguio, magricela e milimetricamente distribuído como o de suas bonecas. As Barbies, ao mesmo tempo que transmitiam feminilidade, vendiam um estereótipo de beleza irreal que entrava no inconsciente coletivo das crianças e contrastava com a imagem real que possuíam. Assim, muitas crianças que tinham características próprias de beleza começavam sutilmente a se achar feias e a apontar defeitos no seu corpo.

Numa sociedade que desenvolve uma necessidade psicótica pela magreza, a obesidade se tornou o símbolo dos defeitos. Já na adolescência, Rosie era maravilhosamente gordinha, sensual, atraente, mas começou a rejeitar de tal maneira o seu corpo que bloqueou o que é aparentemente impossível: o instinto da fome.

Marco Polo sabia que era impossível bloquear naturalmente o instinto da fome, pois ele preserva a vida. Por essa razão, fazer regime era uma tarefa árdua cuja eficiência só podia ser alcançada com segurança se houvesse reeducação alimentar. Príncipes que sempre se alimentaram com as mais finas iguarias, ao passarem por guerras e escassez, comeram insetos, ratos, alimentos apodrecidos no lixo, para sobreviver. O bloqueio do apetite só é possível quando há graves doenças físicas ou situações extremas de estresse e depressão.

O psiquiatra tinha conhecimento de que o transtorno da

autoimagem gerado pela síndrome PIB, somado a alterações metabólicas nas sinapses nervosas, faz com que certas pessoas vivenciem um estado de angústia tão grande que bloqueia a racionalidade e o instinto da fome, produzindo a anorexia nervosa. No caso de Rosie, ela se recusava a comer, mesmo diante do risco de morrer por causa disso.

O número de pessoas acometidas pela anorexia nervosa é assustador: a incidência é em torno de 1% da população mundial, o que significa dezenas de milhões de pessoas das mais diversas culturas, raças, graus de escolaridade, começando principalmente na adolescência. As mulheres de classe média e média alta submetidas à pressão do sistema são mais frequentemente atingidas. Rosie, antes de adoecer, passava horas diante da televisão. Ao mesmo tempo que rejeitava o próprio corpo, sonhava em ter um corpo parecido com o das personagens na tela.

Marco Polo tinha consciência do enorme poder da televisão. Alguns anos antes, um interessante artigo fora publicado no *The British Journal of Psychiatry*, mostrando o impacto da TV na mudança dos hábitos alimentares e nos comportamentos das mulheres das ilhas Fiji, no Pacífico, após os três primeiros anos de exposição, a partir de 1995. Pesquisadores detectaram que, depois que a TV passou a exibir mulheres magras e com beleza incomum, as nativas das ilhas Fiji começaram a fazer dietas e a apresentar transtornos alimentares, como anorexia e bulimia, que antes eram praticamente inexistentes nas ilhas.

Essa pesquisa foi prova incontestável do impacto da TV no inconsciente coletivo de uma sociedade tradicional. Antes do contato com a TV, as mulheres nativas tinham índices razoáveis de satisfação com seu corpo, eram emocionalmente livres, alegravam-se na contemplação do céu, dos pássaros e das ondas do mar. Depois de submetidas às imagens e mensagens veiculadas pela televisão, passaram a querer ser semelhantes às mulheres esqueléticas do continente "desenvolvido". Ao ler esse artigo, Marco Polo confirmou sua tese de que o continente desenvolvido era em muitos aspectos primitivo no território da emoção.

Rosie era uma garota animada, tinha amigos, gostava de pássaros e de jogar vôlei. Pouco a pouco bloqueara não apenas seu apetite, mas tudo o que lhe gerava prazer. Quando entrou no consultório de Marco Polo, sua imagem causou um impacto no psiquiatra. Era cadavérica, e os ossos sobressaindo na pele denunciavam um corpo esmagado pela fome, parecendo uma adolescente que vivera a tragédia da privação forçada de alimentos.

Embora medisse 1,66 metro, Rosie pesava 29 quilos. Os olhos fundos, a pele enrugada e pálida, os cabelos quebradiços, o esqueleto moldado pela pele abalavam qualquer observador, inclusive Marco Polo, que estava acostumado a lidar com as mazelas humanas.

O Dr. McMeel tinha razão em se perturbar com o drama da filha. O ilustre advogado influenciava juízes e convencia jurados nos tribunais, mas não conseguia convencer sua filha a lutar pela vida. Apesar de dizer que, se ela se recusasse a comer, não teria energia para estudar, força para viver e defesas para combater as infecções, Rosie não o atendia.

Às vezes, o pai argumentava ansiosamente, e com lágrimas nos olhos, que seus órgãos entrariam em falência, mas, para desespero dele, Rosie não mudava de atitude. Certa vez, ele gritara em prantos: "Filha, você vai morrer se não se alimentar, e vai me matar de tristeza!", mas Rosie simplesmente se retirou para o quarto.

Ela seguia um ritual massacrante: se pesava várias vezes por dia e media compulsivamente diante do espelho algumas partes que achava que estavam "gordas", embora estivesse esquelética. Controlava obsessivamente os poucos alimentos que comia, somando as calorias durante as refeições. Era um calvário se sentar à mesa com ela. Deixava seus pais e seus dois irmãos em pânico com seu ritual. Rosie vivia isolada; nenhuma colega a visitava mais. Estava perdendo as forças para caminhar até a escola, que ficava a apenas duas quadras da sua casa. Uma pequena jornada era como praticar uma maratona para quem estava tão debilitada.

Rosie foi levada ao consultório de Marco Polo pelos pais. O psiquiatra a recebeu na porta gentilmente e a conduziu até uma poltrona. Muda, ela nem sequer agradeceu. Ele a cumprimentou com um sorriso, disse que tinha prazer em conhecê-la e ela mais uma vez demonstrou indiferença. Quando ele foi fazer outra pergunta, ela tapou os ouvidos. Recusou-se a ouvi-lo.

Impressionado, o psiquiatra respeitou seu gesto e esperou pacientemente que ela destapasse os ouvidos. Para Rosie, Marco Polo era um intruso. Ele sabia disso e entendeu sua atitude, ainda que ilógica. Após cinco longos minutos, ela tirou os dedos dos ouvidos. Foi vencida pelo cansaço.

– Você acha que estou invadindo a sua vida? – perguntou ele, tentando de alguma forma estimulá-la a dizer o que sentia por estar ali.

A resposta foi incisiva – ela novamente tapou os ouvidos. Passaram-se mais três minutos sob um silêncio mórbido, mas muito significativo. Rosie se fechara no seu mundo e ninguém era digno de entrar nele. Era um mundo melancólico, saturado de penúria e autodestrutivo, mas era seu mundo. Para Marco Polo, um psiquiatra ou um psicólogo jamais deveria enquadrar a personalidade de um paciente dentro de uma teoria, mas colocar a teoria dentro da personalidade do paciente. Ele usava medicamentos, mas sabia que o mais importante consistia em entender que cada ser humano era uma caixa de segredos única e que não havia receitas prontas para abrir essa caixa.

Rosie era mais do que uma caixa de segredos. Era um verdadeiro cofre e corria risco de vida. Ao olhar para ela, Marco Polo viu o que a imagem não revelava: um tesouro soterrado nos escombros da sua gravíssima doença. Desejou usar sua criatividade para, dentro dos limites da ética, tentar de todas as formas conquistá-la. As chances eram mínimas. A qualquer momento, ela poderia se levantar e sair do consultório, como fizera com diversos outros profissionais. Quando ela destapou novamente os ouvidos, ele provocou sua capacidade de pensar:

– Você tapa seus ouvidos porque tem medo de me ouvir ou de se ouvir?

Rosie ficou intrigada com a pergunta. Após pensar, reagiu:

– Não quero ouvir você.

Aproveitando a pequena abertura, Marco Polo a questionou:

– Por que você não ouve a voz do seu corpo? Você tem medo de ganhar peso e ser admirada pelos outros?

O sentimento de Rosie era justamente o contrário. Ela não comia porque procurava um padrão inumano e falso de beleza, queria ser admirada, mas era carrasco de si mesma, não se aceitava. Perturbada com a pergunta, abriu a boca e, apesar de estar fisicamente frágil, falou com rispidez:

– Não como porque estou gorda!

Qualquer pessoa que ouvisse essas palavras diria imediatamente que ela estava brincando, contando uma piada, mentindo ou simulando. Mas Rosie estava sendo sincera. Embora estivesse magérrima, com grave risco de perder a vida, aos próprios olhos estava obesa. As zonas de conflito do seu inconsciente distorciam sua interpretação sobre sua autoimagem e a forma como via a vida. Não escutava a voz do seu corpo, que clamava para sobreviver.

Desde os 14 anos começara a desenvolver anorexia. Envolvera-se numa busca fatal de um corpo ideal, deslumbrante, mas aos poucos tinha perdido os parâmetros da realidade. Emagreceu, atingiu um peso compatível com sua altura, mas não parou de fazer regime. No começo, deixar de comer parecia um capricho, mas paulatinamente seus pais perceberam a gravidade do caso. E quanto mais desesperados ficavam, mais ela bloqueava o apetite.

E quanto mais ela bloqueava o apetite, mais seus pais, parentes e colegas lhe davam superatenção.

Gerou-se, assim, um ciclo doentio. Marco Polo conhecia bem esses mecanismos. A ansiedade das pessoas que suplicavam para que Rosie se alimentasse trazia-lhe um perigoso ganho secundário de atenção e afeto. Todas as pessoas giravam em sua órbita. Esse ganho secundário, que na realidade era uma perda, reforçava os mecanismos doentios da anorexia nervosa. Todas as pessoas mais próximas ficavam de certa forma doentes. Era extremamente triste ver uma menina sem massa muscular e cadavérica se achar obesa.

Nenhum pediatra, psicólogo, psiquiatra havia tido sucesso em fazê-la comer. Ao ouvi-la dizer que estava gorda, Marco Polo começou a questionar sua visão de vida:

– O que é ser gorda?

Ela não respondeu. Não queria discutir suas ideias. Inconformado, novamente ele procurou estimular sua inteligência, elogiando-a e ao mesmo tempo levando-a à autocrítica:

– Eu respeito se você acredita que está obesa, que não quer engordar. Mas você precisa ter um corpo ideal para ser feliz? Não vale mais o conteúdo da sua personalidade do que o invólucro do seu corpo?

Rosie ficou atônita. Permaneceu em silêncio e pensativa.

Marco Polo continuou:

– Desculpe-me, mas será que você não tem medo de reconhecer que é uma pessoa maravilhosa?

Marco Polo estava começando a conquistar o território da sua emoção e penetrando no território da sua razão. Ela ia tapar novamente os ouvidos, mas ele disse:

– Espere, por favor. Você não precisa tapar seus ouvidos. Se acha que não tenho capacidade para ajudá-la, pode ir, pois respeito sua opinião. Eu sei que existe um tesouro dentro de você e gostaria de ter a chance de conhecê-lo.

Rosie ficou envolvida. Entretanto, para não se deixar conquistar, ela subitamente se levantou e saiu do consultório. Queria estar em qualquer outro lugar, mas não num ambiente que questionava seus parâmetros sobre a realidade. Sua resistência era enorme, mas ficou impressionada com as atitudes e ideias de Marco Polo. Nunca fora desafiada desse jeito.

~

Enquanto isso, Elizabeth não havia superado a rejeição de Sarah por Robert. O estereótipo da beleza atingira a carne da sua carne, excluíra sua própria filha. Introspectiva, ficou tentando relembrar se ao longo da sua carreira também não havia rejeitado jovens para a capa da revista por estarem fora do sórdido padrão estético.

De uma coisa tinha certeza: jamais havia recomendado para a capa da revista uma jovem ou mulher cuja beleza fosse comum, normal ou que estivesse levemente acima do peso. Começou a sentir um peso na consciência. Dois dias depois, uma jornalista encontrou uma pesquisa ampla sobre a autoimagem da mulher atual e a entregou a Elizabeth. Ela a recebeu com apreensão, mas também com euforia.

Pediu para não ser importunada naquela tarde. Os dados da pesquisa poderiam ser sua redenção, poderiam excluir o "fantasma" Marco Polo da sua vida, demonstrar que as mulheres modernas eram felizes, tinham elevada autoestima, possuíam uma relação excelente com o próprio corpo e com a vida.

Ao começar a analisar a pesquisa, porém, começou a ficar vermelha. O suor brotou em sua testa, a frequência respiratória aumentou e experimentou um desconfortável nó na garganta. Os dados eram assustadores, mais graves do que imaginava. Ficou assombrada. A cada informação que analisava, balbuciava: "Não é possível! Estamos morrendo por dentro."

Elizabeth teve pesadelos naquela noite, seu sono ficou entrecortado. Perturbou-se com os personagens dos seus sonhos: mulheres, adolescentes e até crianças em prisões, algemadas, amordaçadas. Algumas estavam magríssimas, outras provocavam vômitos sem parar. Foi a pior noite da sua vida, mas a que mais a fez caminhar nas trajetórias do seu próprio ser.

∼

Um dia depois que Rosie saiu do consultório de Marco Polo, Sarah notou que ela estava mais sociável, mais disposta a ouvi-la. A própria Rosie pediu a Sarah que contasse novamente a sua história. Desta vez, a história produziu um extraordinário resultado. O olho direito de Rosie expulsou uma gota de lágrima, como pérola que queria reluzir no mundo.

Sarah concluiu contando-lhe que teve bulimia. Em seguida, disse:

– Eu vivia em guerra com os alimentos e com o meu corpo. Uma guerra louca, tola, estúpida, que estava me corroendo por dentro. Vivi a pior solidão do mundo, mas agora resolvi não me abandonar, não abrir mão dos meus sonhos.

Então, para surpresa de Sarah e de seus pais, Rosie falou:

– Quero ver novamente aquele psiquiatra! – Havia um leve sorriso em seu rosto. Após dizer essas palavras, ela se retirou imediatamente para o quarto.

Dias depois, retornou ao consultório. Estava mais acessível, mas não sorria e tentava disfarçar seu interesse. Em alguns momentos tapava os ouvidos, principalmente quando se sentia sem argumento. Em outros, ouvia Marco Polo. De vez em quando produzia algumas palavras impressionantes, como estas:

– Eu não posso engordar. Se ganho 500 gramas, entro em crise, sinto-me péssima.

– O problema não é o peso do seu corpo, mas o peso que você coloca em sua emoção, o seu nível de exigência para sentir-se realizada. Precisa resgatar a liderança do eu, se transformar em atriz principal da sua história.

Rosie entendia a linguagem figurada de Marco Polo. Já tinha feito teatro como atriz coadjuvante, mas nunca conseguira ser atriz principal. Agora precisava assumir esse lugar, pelo menos no teatro da própria vida. Para isso, precisava transformar a guerra contra os alimentos numa fonte de prazer. O espelho denunciava seus ossos, mas as zonas de conflito refletiam o fantasma da obesidade. Precisava deixar de ser assombrada por ele. Precisava também vencer a necessidade neurótica de ser o centro do mundo.

As palavras de Marco Polo e Sarah começaram a ecoar na sua psique, iluminando sua masmorra interior. Rosie esboçou um pequeno progresso, mas confiar em Marco Polo era desconfiar da crítica doente que construíra em relação à vida e a tudo que a rodeava. Entretanto surgira um frágil e delicado caminho em seu tratamento.

Ao terminar a consulta, o telefone do psiquiatra tocou. Era Elizabeth, apavorada, querendo falar com ele. Estava aflita. Contou que tinha em mãos uma pesquisa que confirmava todas as suas suspeitas sobre a ditadura da beleza. Perguntou se ele e Falcão poderiam participar do Congresso Internacional das Revistas Femininas, que aconteceria no mês seguinte na cidade de Nova York.

A agenda do congresso já estava fechada, mas como Elizabeth era uma das organizadoras, ela abriria um espaço para que eles pudessem falar aos jornalistas do mundo todo sobre a síndrome PIB e os dados da pesquisa. O tema era Ética e Responsabilidade Social das Revistas Femininas. Acreditava que a fala dos dois poderia coroar o evento. Não imaginava o caos que iria se instalar.

Capítulo 8

Chegou o dia do congresso. Havia mais de 100 gerentes editoriais das revistas femininas mais importantes dos continentes, além de 400 jornalistas convidados, 52 diretores de agências de modelos, cerca de 30 gerentes de agências de propaganda e 16 executivos das indústrias de cosméticos, perfumes, moda e aparelhos de estética, que patrocinavam o megaevento.

Marco Polo e Falcão subiram ao palco para proferir sua conferência. O psiquiatra olhou para os quase 600 participantes, dos quais apenas 10% eram homens, e, sem meias-palavras, deixou a plateia estarrecida:

– Esperávamos que no século XXI tivéssemos a geração de mulheres mais felizes, com a mais excelente autoestima e com a melhor relação com o corpo do que em qualquer outra geração, pois nunca a indústria de produtos de beleza foi tão poderosa, nunca a indústria da moda foi tão diversificada, nunca se fizeram tantas cirurgias plásticas nem se usaram tantas técnicas estéticas para atingir o belo. Mas eis que estamos diante de uma geração de mulheres angustiadas, desiludidas e frustradas.

Os participantes ficaram alvoroçados. Em seguida, Marco Polo e Falcão fizeram uma exposição sobre os danos causados pelo estereótipo da beleza no inconsciente coletivo. Falaram sobre a teoria das janelas da memória e o aprisionamento emocional. Comentaram sobre a tortura vivida pelas modelos e revelaram a atitude maquiavélica de usá-las como padrão de beleza para todas as mulheres do mundo. A plateia estava atenta à tese chocante dos dois pensadores.

Alguns espectadores se remoíam em suas cadeiras, principalmente os proprietários de agências de modelos e os executivos das grandes agências de propaganda que difundiam um falso ideal de beleza. Os argumentos contundentes do psiquiatra e do filósofo subvertiam suas crenças. E, para desespero desses empresários, algumas jornalistas os aplaudiram.

Para comprovar suas ideias, Marco Polo e Falcão começaram a comentar a pesquisa de uma prestigiada universidade sobre a autoimagem da mulher, sua autoestima e sua visão de beleza. A pesquisa fora feita em diversos países: EUA, Canadá, Inglaterra, França, Itália, Japão, Brasil, entre outros.

Marco Polo olhou fixamente para a plateia e disse:

– A sobreposição no inconsciente coletivo de imagens de mulheres supermagras e de um padrão de beleza incomum tem causado um desastre na personalidade das mulheres. Por isso, por incrível que pareça, de acordo com essa pesquisa, apenas 2% das mulheres do mundo inteiro se descrevem como belas e têm uma ótima relação consigo mesmas. Esse número estarrecedor é o retrato do rombo que a mídia tem causado na delicado território da emoção.

Falcão tomou a palavra:

– Quando se olham no espelho, as mulheres valorizam mais seus defeitos do que suas qualidades, pois se veem através das janelas doentias que construíram em sua psique. – Usou uma forte comparação: – Se vocês fizerem uma cirurgia cardíaca, terão mais de 99% de chance de sobreviver, mas, se viverem nas sociedades modernas, terão apenas cerca de 2% de possibilidade de preservar sua autoestima. No passado, as mulheres fenícias, gregas, romanas foram violentadas exteriormente, não podiam se expressar, trabalhar fora, decidir seus caminhos. Já na atualidade, as mulheres têm sido violentadas interiormente.

A fala dos dois amigos penetrou como lâmina nas espectadoras. Marco Polo tomou a frente e prosseguiu:

– Vivemos num estado democrático cujo direito fundamental é o direito de defesa. Mas as mulheres não têm o direito de se defender contra o sistema que as adoece: 93% delas disseram que a mídia é capaz de gerar uma busca doentia por um padrão de beleza e 78% afirmaram que é preciso muito dinheiro para tentar conquistar esse estilo falso de beleza.

Foi a vez de Falcão discorrer:

– A pior ditadura é aquela que nos controla por dentro, que distorce nossa crítica e a percepção da realidade. As mulheres, e também milhões de homens, vivem debaixo de uma ditadura interior e de uma democracia política exterior. O objetivo da ditadura da beleza é promover inconscientemente a insatisfação, e não a satisfação. Pois uma pessoa satisfeita, bem-humorada, feliz, tranquila, não é consumista, consome de maneira inteligente, não precisa viver a paranoia de trocar continuamente de celular, de carro, de roupas, de sapatos. Todavia, pessoas insatisfeitas projetam sua insatisfação no ter. Consomem cada vez mais, porém sentem cada vez menos.

Enquanto ouviam essas palavras, diversas jornalistas que possuíam refinada cultura concordaram com Falcão, pois sabiam que as pessoas que investiam em cultura, filosofia, intelectualidade e espiritualidade tinham menos necessidade de consumo. Consumiam mais ideias do que estética.

– Cinquenta por cento das mulheres têm desejo de fazer cirurgia plástica. É legítimo que façam plásticas. Mas o fato de um número tão grande de pessoas desejar se submeter a procedimentos que impõem riscos à vida é um sintoma de psicose coletiva – comentou Marco Polo com um semblante entristecido, e acrescentou: – Não somos contra o botox, contra os peelings, o uso de silicone, a lipoaspiração, as cirurgias plásticas. Queremos, porém, alertá-los, mostrando que o sistema invadiu o funcionamento da mente das pessoas como um vírus que as impede de se encantarem com a existência e de tomarem suas decisões livremente.

Marco Polo completou dizendo que as correções estéticas num mundo que supervaloriza a imagem pode aliviar a ansiedade e gerar a autoestima. No entanto, se as mulheres não resolverem a síndrome do padrão inatingível de beleza, a intervenção estética não solucionará a insatisfação com elas mesmas. Hoje operam o seio, amanhã o nariz, depois o rosto. O vazio que buscam preencher é interior.

Para aliviar o clima, Falcão brincou:

– É preciso fazer plástica no cérebro para resolver o problema.

As mulheres sorriram. Tiveram um breve momento de descontração em meio àquela tensão. Falcão reforçou as ideias de Marco Polo:

– Que façam plásticas e usem técnicas de preenchimento, mas primeiro preencham a alma com sensibilidade e sabedoria. Cada mulher e cada adolescente são lindas, belas, têm suas curvas próprias e seus dons únicos. Mas roubaram-lhes o direito de se admirarem.

Novamente a grande maioria dos espectadores aplaudiu com entusiasmo.

– As mulheres cujo pescoço, seios, faces, nariz, barriga, quadris estão fora do padrão inatingível de beleza, que são a grande maioria, sentem-se discriminadas, excluídas. Um terremoto tão grande nas matrizes do inconsciente gera sequelas psicológicas graves que precisarão de décadas para serem superadas.

Após essas palavras, Falcão respirou e fez a pergunta fatal:

– Qual é a responsabilidade da mídia, das agências de modelos e da indústria de produtos de beleza, que valorizam a magreza e a beleza incomum, na destruição coletiva do prazer das mulheres?

Essa pergunta gerou um tumulto no auditório. Um dos executivos de uma poderosa indústria de cosméticos, cujos comerciais dos produtos só incluíam adolescentes magras e com rostos superbelos, gritou agressivamente da plateia:

– Vocês estão loucos!

Falcão rebateu imediatamente:

– Já fui louco, meu amigo! Mas hoje penso que estou lúcido.

A plateia deu gargalhadas. O executivo saiu do anfiteatro irritadíssimo. Marco Polo sabia que o clima pegaria fogo. Tentando manter a calma, voltou aos dados.

– Três quartos das pessoas que participaram da pesquisa desejam que a mídia retrate a beleza normalmente encontrada nas mulheres. E quase 80% dizem, com sabedoria, que a beleza pode ser alcançada com atitudes inteligentes, como o afeto, a tolerância, os sonhos, e não apenas com a anatomia do corpo. – O psiquiatra fez um apelo: – As mulheres estão gritando contra o estereótipo da beleza. Ouçam o seu clamor.

Algumas jornalistas estavam havia anos com a ditadura da beleza entalada na garganta. Sempre tinham sido contra o sistema que amordaça as mulheres, mas não tinham espaço para confrontá-lo. Sofia, a gerente editorial de uma importante revista italiana, proclamou destemidamente:

– Eu estive fazendo uma análise na minha revista e detectei que 99% das imagens da capa e do miolo que difundem moda, cabelos, joias, celulares, tênis e outros produtos mostram mulheres magérrimas, cuja beleza é quase impossível de ser encontrada nas ruas. Temos de repensar nossa profissão. Lutamos para que os políticos sejam éticos. E nós? Precisamos fazer o mesmo.

– Beleza é fundamental – esbravejou Marcus Piller no microfone disponível para a plateia. Marcus era dono de uma grande agência que possuía um time de modelos dos mais cobiçados. Para ele, a beleza era absoluta, e não relativa. Costumava repetir em todos os ambientes em que circulava: "Que me perdoem as feias, mas beleza é fundamental."

O lucro líquido de 40 milhões de dólares anuais o tornara um homem poderoso. Ele influenciava revistas, estilistas e até programas de TV e cinema. Questionar o padrão de beleza e a maneira como ela deveria ser divulgada era questionar o seu poder. O milionário entrou em crise. Ele tinha olheiros viajando pelo mundo para captar imagens de uma beleza fora do comum.

Enquanto as modelos lhe davam lucro, era gentil com elas, mas, depois que ganhavam alguns quilos, ou alguns anos, tornava-se cruel e as descartava como copos plásticos. Por viverem no mundo mágico da moda, muitas modelos gastavam compulsivamente todo o dinheiro que ganhavam e não se preparavam para o amanhã. Enquanto estavam sob o foco dos holofotes ou do olho das câmeras fotográficas, sentiam-se eternas divas, mas, ao caírem no gélido esquecimento, muitas afundavam em crises depressivas, pois não sabiam extrair riquezas do anonimato.

Naquele momento da palestra, três executivos da indústria de cosméticos e quatro de agências de propaganda que nunca amaram as mulheres, mas que eram especialistas em usar seus corpos, aproveitaram o clima tenso e deixaram o anfiteatro junto com Marcus Piller. Preferiram sair do ambiente a enfrentar a própria consciência. Enquanto saíam, alguns disseram a meio-tom, mas de forma audível:

– Esses caras são loucos. Acham que vão mudar o mundo. São mercadores de utopia.

Influenciadas por eles, várias outras pessoas deixaram o anfiteatro, principalmente homens. A plateia ficou agitada, todos falando ao mesmo tempo. Jamais ocorrera um motim tão grande num congresso. Na realidade, essa agitação era apenas a ponta do iceberg dos graves problemas que todas as pessoas que se engajariam nessa luta enfrentariam.

Elizabeth estava atordoada, mas sentia que o debate, ainda que estivesse causando transtornos, estava gerando um questionamento saudável. Mensalmente, 60 milhões de revistas eram publicadas em todas as nações objetivando atingir as mulheres. Multiplicando-se por cinco, pelo menos 300 milhões de mulheres tinham acesso às ideias nelas contidas. O poder dessas revistas era enorme.

Havia textos intelectualmente ricos que estimulavam a arte de pensar e promoviam a qualidade de vida da mulher, mas isso não era suficiente para protegê-las contra a invasão do sistema ditatorial de beleza e a formação de janelas killer. Brígida, gerente editorial de uma revista feminina francesa, levantou-se e apoiou Marco Polo e Falcão publicamente:

– Caras colegas, não importa o nome que se dê à síndrome PIB, eu estou convencida de que ela não é uma invenção dos conferencistas. – E, para fundamentar sua ideia, afirmou: – Tenho uma pesquisa em mãos feita com 200 modelos que mostra que 20% delas têm anorexia nervosa, 15% têm bulimia e 30% têm crises depressivas. E, pasmem, quase todas estão insatisfeitas com o próprio corpo. Se as modelos são vítimas de um padrão de beleza inatingível, imagine as demais mulheres! Se elas mendigam o pão da autoestima, como as demais mulheres sobreviverão?

Inspirado pelas palavras de Brígida, Falcão fez um breve relato da beleza no tempo. Disse que estilistas determinavam tiranicamente as medidas antropológicas da beleza feminina, medidas irracionais, pois levavam em conta escalas de sensualidade absurdas que faziam com que as mulheres se sentissem deficientes, deformadas, não atraentes, não admiradas.

Comentou que sempre houve certo padrão de beleza na história, mas no passado ele era mais inteligente e saudável. Citou algumas esculturas e pinturas que retratavam a beleza da mulher no Museu do Louvre. Falou sobre a *Vênus de Milo*, uma escultura entalhada em mármore no ano 100 a.C. A "deusa do amor", protótipo da formosura na época helenística, cujos quadris, barriga e rosto redondo refletiam uma indecifrável beleza, para os estúpidos padrões atuais seria considerada gorda. Citou as estátuas das mulheres dos imperadores romanos, cujo ventre arredondado, tronco desenvolvido e papada no queixo refletiam o apogeu da beleza e da saúde da época.

Citou também a escandalosamente bela pintura de Jean Auguste Dominique, de 1808, retratando mulheres tomando banho. Mulheres livres, tranquilas, serenas, que revelavam uma despreocupação com a beleza e se banhavam folgadamente sem medo de mostrar o corpo umas para as outras. Ainda que algumas fossem gordas para os padrões atuais, a obesidade era sinal de beleza, e não objeto de vergonha.

– O comportamento das mulheres do quadro de Dominique mostra como as mulheres atuais estão doentes, pois muitas não vão à praia por rejeitarem a anatomia do seu corpo, por não suportarem não apenas as críticas dos homens, mas, principalmente, das demais mulheres – comentou o pensador. Em seguida, acrescentou: – Se as belas musas do século XIX fossem candidatas ao cargo de modelos nos dias atuais, morreriam de fome, ou teriam de fazer dezenas de plásticas.

Após discorrer sobre outros quadros, citou a famosa pintura *A liberdade guiando o povo,* de 1830, de Eugène Delacroix. A liberdade é retratada por uma jovem mulher de traços fortes, com curvas exaltadas, musculatura saudável, empunhando uma bandeira em uma das mãos e uma arma na outra, incitando a multidão a se rebelar contra a ditadura.

– O padrão de beleza na história sempre foi flutuante, e não rígido. Dependeu da cultura, do ambiente, da saúde, da troca de informações. Mas, na atualidade, depende do capital. O capitalismo trouxe ganhos inegáveis para as sociedades, mas disseminou um estereótipo falso de beleza que contaminou as escolas, os lares, as ruas, os clubes, e povoou os sonhos das meninas, dos meninos, das mães, dos pais. Estamos mais ricos financeiramente hoje, mas muito mais miseráveis e infelizes interiormente.

Capítulo 9

A conferência de Falcão e Marco Polo foi a última do congresso. A fala dos dois causou um impacto enorme, gerou um acalorado debate. Ao final, Elizabeth estava ansiosa. Levantou-se e afirmou que uma luta global deveria ser travada em função da mulher, ainda que os obstáculos fossem grandes.

– E como enfrentaremos o sistema? – indagou, aflita.

Os dois pensadores sabiam que, embora fossem grandes formadoras de opinião, as jornalistas precisariam de muita coragem para enfrentar a mais penetrante das ditaduras. Pela amostra das pessoas que saíram explodindo de raiva do congresso, os riscos seriam intensos e imprevisíveis.

Diante disso, Falcão e Marco Polo olharam um para o outro, pediram novamente a palavra e resolveram gastar mais dez minutos para falar da coragem do homem que mais defendeu o direito das mulheres. Queriam encorajá-las com a história de alguém que correu todos os riscos para protegê-las e para dar-lhes o status de seres humanos.

Num estado de sublime abstração da sua inteligência, Falcão falou:

– As mulheres frequentemente foram silenciadas, controladas, diminuídas e tratadas como subumanas nas mais diversas sociedades humanas. Todavia, houve um homem que lutou sozinho contra o império do preconceito. Ele foi incompreendido, rejeitado, excluído, mas não desistiu dos seus ideais. Ninguém apostou tanto nas mulheres quanto ele. Fez das prostitutas rainhas, e das desprezadas, princesas. Muitos dizem que ele é o homem mais famoso da história, mas poucos sabem que foi ele quem mais defendeu as mulheres. Seu nome é Jesus Cristo, o Mestre dos Mestres na arte de viver.

Falcão fez uma pausa para respirar e contou uma história que emocionou profundamente as mulheres, incluindo as budistas, as judias, as islamitas, de outras religiões e até as que não tinham qualquer religião. Falcão e Marco Polo não falaram de uma religião, mas da filosofia e da psicologia do homem mais complexo e ousado de que se teve notícia.

Disseram que nos tempos de Jesus os homens adúlteros não sofriam punição severa. Todavia, a mulher adúltera era arrastada em praça pública, suas vestes rasgadas e, com os seios à mostra, eram apedrejadas sem piedade. Enquanto sangravam e agonizavam, pediam compaixão, mas ninguém as ouvia. A cena, inesquecível, ficava gravada na mente e perturbava a alma para sempre.

Após essa breve exposição, Falcão contou que certa vez uma mulher foi pega em adultério. Arrancaram-na da cama e a arrastaram centenas de metros até o lugar em que Jesus se encontrava. A mulher gritava "Piedade! Compaixão!", enquanto era arrastada; suas vestes iam sendo rasgadas e sua pele sangrava esfolando-se na terra.

Jesus estava dando uma aula tranquila na frente do templo. Havia uma multidão ouvindo-o atentamente. Ele lhes ensinava que cada ser humano tem um inestimável valor, que a arte da tolerância é a força dos fortes, que a capacidade de perdoar está diretamente relacionada à maturidade das pessoas. Suas ideias revolucionavam o pensamento humano, por isso começou a ter muitos inimigos. Na época, os judeus constituíam um povo fascinante, mas havia um pequeno grupo de radicais que passou a odiar as ideias do Mestre. Quando trouxeram a mulher adúltera até ele, a intenção era apedrejá-lo juntamente com ela, usá-la como isca para destruí-lo.

Ao chegarem com a mulher diante dele, a multidão ficou perplexa. Destilando ódio, comentaram que ela fora pega em flagrante adultério. E perguntaram qual era a sentença dele. Se dissesse "Que seja apedrejada", ele livraria a sua pele, mas destruiria seu projeto transcendental, seu discurso e principalmente seu amor pelo ser humano, em especial pelas mulheres. Se dissesse "Não a matem!", ele e a mulher seriam imediatamente apedrejados, pois estaria indo contra a tradição daqueles radicais. Se os fariseus tivessem feito a mesma pergunta aos discípulos de Jesus, estes provavelmente teriam dito para matá-la. Assim se livrariam do risco de morrer.

– Qual foi a primeira resposta do Mestre diante desse grave incidente? – perguntou Falcão para a plateia.

A grande maioria das mulheres sabia a resposta. Responderam coletivamente:

– Quem não tiver pecado atire a primeira pedra!

Falcão fez um sinal e Marco Polo continuou a analisar a história. O filósofo se calou e o psiquiatra falou:

– Não! Essa foi a segunda resposta. A primeira foi não dar resposta, foi o silêncio.

A plateia fez um burburinho, e ele continuou:

– Só o silêncio pode conter a sabedoria quando a vida está em risco. Nos primeiros 30 segundos de tensão cometemos os maiores erros de nossas vidas, ferimos quem mais amamos. Por isso, o silêncio é a oração dos sábios. Para o Mestre dos Mestres, aquela mulher, ainda que desconhecida, pobre, esfolada, rejeitada publicamente e adúltera, era mais importante do que todo o ouro do mundo, tão valiosa quanto a mais pura das mulheres. Era uma joia raríssima, que tinha sonhos, expectativas, lágrimas, golpes de ousadia, recuos, enfim, uma história fascinante, tão importante quanto a de qualquer mulher presente nesta sala. Valia a pena correr riscos para resgatá-la.

Falcão tomou a frente e começou a dizer que para o Mestre dos Mestres não havia um padrão para classificar as mulheres. Todas eram igualmente belas, não importando a anatomia do seu corpo, não importando nem mesmo se erravam muito ou pouco.

– Jesus precisava mudar a mente dos acusadores, mas nunca ninguém conseguiu mudar a mente de linchadores. O "eu" deles era vítima das janelas do ódio, não eram autores da sua história, queriam ver sangue. O que fazer, então?

Falcão respirou profundamente. Nesse momento, percebeu que a plateia estava fazendo a mais profunda oração do silêncio. Então continuou:

– Ao optar pelo silêncio, Jesus optou por pensar antes de reagir. Ele escrevia na areia, porque escrevia no teatro da sua mente. Talvez dissesse para si mesmo: "Que homens são esses que não enxergam a riqueza dessa mulher? Por que querem que eu a julgue, se eu quero amá-la? Por que, em vez de olhar para os erros dela, não olham para seus próprios erros?"

Em seguida, o psiquiatra interpretou a reação dos fariseus. Disse que o silêncio inquietante de Jesus deixou os acusadores perplexos, levando-os a diminuir a temperatura da raiva, da tensão, oxigenando a racionalidade deles.

– Num segundo momento, eles voltaram a perguntar o veredicto do Mestre – disse Marco Polo. – Então, finalmente, ele se levantou. Fitou os fariseus nos olhos, como se dissesse: "Matem a mulher! Todavia, antes de apedrejá-la, mudem a base do julgamento, tenham a coragem de ser transparentes e enxergar as suas falhas, erros e contradições." Esse era o sentido de suas palavras. "Quem não tiver pecado atire a primeira pedra!" – E Marco Polo indagou: – Que amor é esse que se doa até às últimas consequências?

A plateia ficou abismada com as palavras de Marco Polo e Falcão. Algumas mulheres enxugavam os olhos. Eles também estavam comovidos, afinal de contas viviam numa sociedade que apedrejava emocionalmente milhões de mulheres, adolescentes e crianças sem piedade. No passado, Falcão fora apedrejado pelo preconceito e, para ele, o sofrimento gerado pela discriminação produzia cicatrizes indeléveis na alma humana.

Com os olhos úmidos, ele fez um sinal para Marco Polo continuar a sua interpretação. Eles sempre discutiam a grandeza das reações de Jesus Cristo. Não defendiam uma religião, mas eram fascinados por suas ideias.

– Os fariseus receberam um choque de lucidez com as palavras de Jesus. Saíram do cárcere das janelas killer e começaram a abrir as janelas light. Deixaram de ser vítimas do instinto de agressividade e passaram a gerenciar suas reações. O *Homo sapiens* prevaleceu sobre o *Homo bios,* a racionalidade voltou. O resultado é que eles saíram de cena. Os mais velhos saíram primeiro porque tinham acumulado mais falhas ao longo da vida ou porque eram mais conscientes delas – Marco Polo falou com serenidade.

Falcão se recobrou e expressou:

– Jesus olhou para a mulher e fez uma delicada pergunta: "Mulher, onde estão seus acusadores?" O que ele quis dizer com essa pergunta e por que a fez? – dirigiu-se à plateia.

Houve conversas paralelas, mas ninguém conseguiu responder. Falcão comentou:

– Em primeiro lugar, ele chamou a adúltera de "mulher", deu-lhe o status mais nobre, o de um ser humano. Ele não perguntou com quantos homens ela dormira. Para o Mestre dos Mestres, a pessoa que erra é mais importante do que seus próprios erros. Aquela mulher não era uma pecadora, mas um ser humano maravilhoso. Em segundo lugar, perguntou: "Onde estão os seus acusadores? Ninguém a acusou?" Ela respondeu: "Ninguém." Ele reagiu: "Nem eu." Talvez ele fosse a única pessoa que tivesse condições de julgá-la, mas não o fez. O homem que mais defendeu as mulheres não a julgou, mas a compreendeu; não a excluiu, mas a abraçou. – E continuou: – As sociedades ocidentais são cristãs apenas no nome, pois desrespeitam os princípios fundamentais vividos por Jesus. Um desses princípios é o respeito incondicional pelas mulheres!

Todas as mulheres da plateia se levantaram e aplaudiram essas palavras.

Em seguida, Marco Polo disse:

– O homem que mais defendeu as mulheres não parou por aí. Sua última frase indica o apogeu da sua humanidade, o patamar mais sublime da solidariedade. Ele disse para a mulher: "Vá e refaça seus caminhos." Fiquei perplexo quando analisei essa frase junto com Falcão. Ela abala os alicerces da psiquiatria, da psicologia e da filosofia. Jesus tinha todos os motivos para dizer: "De hoje em diante, sua vida me pertence, você deve ser minha discípula." Os políticos e autoridades usam seu poder para que as pessoas os aplaudam e gravitem em sua órbita. Mas Jesus, apesar de seu descomunal poder sobre a mulher, foi desprendido de qualquer interesse. "Vá e revise a sua história, cuide-se. Mulher, você não me deve nada. Você é livre!"

As mulheres nunca tinham analisado Jesus sob essa perspectiva. Estavam deslumbradas, envolvidas, fascinadas.

Retomando a palavra, Falcão completou:

– Jesus a despediu, mas ela não foi embora. E por quê? Porque o amou. E, por amá-lo, o seguiu para sempre, inclusive até os pés da cruz, quando ele agonizava. Talvez essa mulher tenha sido Maria Madalena. A base fundamental da liberdade é a capacidade de escolha, e a capacidade de escolha só é plena quando temos liberdade de escolher o que amamos. Todavia, estamos vivendo numa sociedade em que não conseguimos sequer amar a nós mesmos. Estamos nos tornando mais um número de cartão de crédito, mais um consumidor em potencial. Isso é inaceitável.

E para estimular o processo de reflexão dos espectadores Marco Polo disse que, além da síndrome PIB atingir mais de um bilhão de mulheres no mundo, o Mental Health Foundation estima que uma em cada 20 mulheres sofrerá futuramente alguns dos sintomas de transtorno alimentar, como anorexia e bulimia, o que indica que esses males afetarão 150 milhões de mulheres. E contou uma história sobre o dia em que a humanidade chorou, fazendo uma comparação da maior seriedade.

– Cerca de um milhão de crianças e adolescentes judeus morreram na Segunda Guerra Mundial, a maioria nos campos de concentração. Ao tomar conhecimento disso, a humanidade chorou. Foi um horror indescritível, esses jovens não tinham o que comer, morreram desnutridos, nas condições mais inumanas.

O psiquiatra, emocionado, prosseguiu, fazendo a comparação:

– Há cerca de 50 a 60 milhões de pessoas acometidas pela anorexia nervosa em todo o mundo, das quais 90% são mulheres que não raro iniciaram a doença na adolescência. Elas têm mesa farta, mas se negam a comer, não têm apetite. Milhões de pessoas maravilhosas poderão morrer de inanição, vítimas de um campo de concentração socialmente aceito. A humanidade novamente está chorando, mas ninguém ouve seus clamores.

Marco Polo comentou que as pacientes portadoras de anorexia que não forem tratadas adequadamente poderão apresentar sequelas psicológicas ao longo da vida, como inadequação social, adaptação profissional prejudicada, papel materno mal elaborado, dificuldade de criar vínculos conjugais saudáveis, depressão, fobia social. Disse ainda que as estatísticas mostram que uma em cada cinco pessoas portadoras de transtornos alimentares pode morrer de inanição, parada cardíaca, suicídio. Ao ouvir esses dados alarmantes, as mulheres ficaram pasmas.

Apoiando-se na corajosa história do Mestre dos Mestres analisada por eles, Falcão finalizou a conferência com uma afirmação e uma pergunta:

— Pela saúde e pela felicidade de uma mulher e de uma criança, vale a pena fazer uma batalha. E por milhões delas, o que vale a pena fazer?

Muitas mulheres não tiveram dúvida. Gritaram com consciência crítica e em coro:

— Uma revolução!

Nesse momento, Elizabeth, profundamente inspirada, disse:

— No passado, as mulheres foram mutiladas, humilhadas, amordaçadas, queimadas, apedrejadas, consideradas objetos sexuais e, em alguns casos, animais de estimação. Muitas foram mortas, outras sofreram caladas. Não podiam votar, trabalhar, decidir, opinar.

Elizabeth parou para respirar e concluiu suas ideias:

— Lutamos pelos nossos direitos ao longo da história, conseguimos grandes conquistas. Mas, quando pensávamos que éramos livres, surge uma ditadura que nos controla por dentro. Realmente precisamos fazer uma segunda revolução, uma revolução contra um sistema que usa nossos corpos como mercadoria sem respeitar nossa inteligência e dignidade e nem as de nossos filhos e filhas. Sugiro a formação de um comitê de mulheres contra a ditadura da beleza.

As mulheres aderiram em peso à proposta. Decidiram fazer uma revolução contra um inimigo invisível e ao mesmo tempo bem visível, um inimigo presente em todo lugar, inclusive dentro delas. Era necessário fazer uma revolução inspirada na serenidade do Mestre dos Mestres, sem armas, ousada, intrépida, fundamentada na sabedoria. Todavia, Jesus pagou um preço caríssimo.

Foi silenciado numa cruz. O sistema social estaria preparado para essa revolução? O destino de todas as revolucionárias era incerto.

As borboletas saíram do casulo e resolveram mostrar suas asas. No espaço do congresso elas voaram alto, com suavidade e poesia, mas lá fora os predadores as aguardavam.

Capítulo 10

Foram escolhidas dez mulheres para dirigir o comitê. Preferiram indicar editoras de revistas femininas de vários países, pois, por traçarem a linha editorial e coordenarem equipes de jornalistas, tinham mais poder de influência social e mais possibilidade de enfrentar os obstáculos que surgiriam.

Chamaram o movimento de "Comitê contra a ditadura da beleza". Entre as participantes estavam Elizabeth, dos EUA; Mitiko, do Japão; Brígida, da França; Lúcia, do Brasil; Sofia, da Itália; Helen, da Alemanha; Christine, da Inglaterra; Lorna, do Canadá; Chen, da China; Rúbia, da Rússia. Elizabeth foi eleita presidente, e Lisa, secretária do comitê. Nenhuma era remunerada. Todas lutavam por um sonho.

A primeira atitude do comitê foi marcar um encontro internacional do movimento, quatro meses depois, em Los Angeles, na terra de Hollywood. Queriam dar visibilidade para a causa. Resolveram elaborar em conjunto uma carta aberta a ser publicada em cada uma das revistas que dirigiam, alertando suas leitoras para a ditadura da beleza e os riscos da síndrome do padrão inatingível de beleza. Começaram a erguer a bandeira da liberdade.

Resolveram publicar a carta simultaneamente. Porém, havia um obstáculo sério no caminho. Como gerentes editoriais, elas tinham autonomia para tomar decisões, mas não para publicar uma carta desse teor. Teriam de submetê-la aos critérios dos executivos da revista, em sua maioria homens. Como acharam que seriam bloqueadas, resolveram correr riscos e publicar sem o aval da direção.

∽

No mês seguinte a carta foi publicada:

Queridas leitoras. Alguns homens, como Jesus Cristo, nos transformaram em rainhas, correram riscos de morrer para resgatar nossos direitos e nos tratar como seres humanos. Tiveram a coragem de se colocar na frente das pedras de homens radicais que nos atacavam e desatar os nós das mordaças que nos calavam. Mas não foram muitos os homens que lutaram abertamente pela nossa causa. Fomos caladas, feridas, tolhidas, tratadas sem dignidade por gerações de homens.

Não queremos diminuir, deslocar, subjugar os homens, mas apenas ter o direito de ser amadas e tratadas com igualdade, pois afinal fomos nós que os geramos, amamentamos e cuidamos deles. Felizmente, o século XX foi um século de grandes conquistas para a mulher. Lutamos pelos direitos de votar, opinar, frequentar universidades, trabalhar, ter igualdade de oportunidades, ganhar salários semelhantes aos dos homens pelas mesmas funções.

Quando a sociedade masculina nos deu espaço, avançamos, nos transformamos sem alarde na maior força da sociedade. Conquistamos importantes postos de trabalho, nos tornamos em maior número do que os homens em muitos cursos universitários. Brilhamos na ciência e desenvolvemos maiores habilidades em quase tudo.

Sabemos que os homens sempre mancharam mais a história da humanidade com guerras, assassinatos, estupros, violências, discriminação e exclusão. Se governássemos as nações, haveria menos guerras comerciais, menos fome, menos injustiça e menos dor física e emocional nessa breve existência. Se dependesse de nós, haveria mais tolerância religiosa, mais unidade da espécie, mais afetividade nas relações humanas. Mas nunca quisemos a supremacia sobre os homens, pois nós nos completamos.

Agora estamos em pleno século XXI. Quando pensávamos que os nossos direitos seriam respeitados na plenitude, a sociedade de consumo que ajudamos a construir infectou nossa alma com um vírus que nos fez escravas de um padrão irresponsável de beleza. Nas últimas décadas houve um assassinato coletivo da autoestima das mulheres em todo o mundo. Poucas de nós se descrevem como belas.

Embora haja nos mais altos escalões das empresas homens éticos e preocupados com a nossa qualidade de vida, infelizmente a beleza da mulher tem sido manipulada pela indústria da moda, das bebidas, de inúmeros produtos. O corpo da mulher vende tudo hoje, só não vende autoestima para elas mesmas. Centenas de milhões de mulheres estão insatisfeitas e ansiosas para serem o que não são e milhões delas estão desenvolvendo bulimia e anorexia nervosa por causa da ditadura da beleza.

Cada mulher é linda ao seu modo, tem seu jeito especial de ser, sua anatomia própria, e deve se amar, se contemplar e curtir intensamente a vida. Deve se olhar no espelho sem medo, não se rejeitar, mas admirar sua beleza e força interior. Pois sentir-se bela é um estado de espírito, um treinamento da emoção, um exercício intelectual e afetivo dos olhos de quem vê.

Não estamos dizendo que as mulheres não deveriam fazer plásticas, peelings, lifting, botox, preenchimentos, pois somos livres para fazer escolhas e conquistar o que nos dá prazer. Mas deveríamos ter plena consciência de que a eterna juventude não existe. Podemos ser eternamente jovens em nosso espírito, no anfiteatro de nossas mentes. Envelhecer fisicamente é o nosso destino, viver feliz e com dignidade deve ser a nossa meta.

Uma pesquisa revelou que 86% das mães gostariam que seus filhos se sentissem belos, ainda que sua aparência não esteja dentro do estereótipo de beleza da mídia. Cada criança tem sua beleza, não importa a cor, a raça, o tamanho e as curvas do corpo.

Estamos preocupadas com a nova geração. Os pré-adolescentes e adolescentes estão adoecendo rapidamente, são insatisfeitos, consumistas, autoritários, querem o mundo aos seus pés e reclamam sempre do próprio corpo. Não incentive suas filhas a se maquiarem precocemente, a se preocuparem com a moda, a se comportarem como modelos. Estimule-as a viver sua infância plenamente. Também não incentive os garotos a supervalorizar o espelho, as roupas de marca, os objetos de consumo, os jogos de video game. Estimule-os a brincar, inventar, a sonhar, a ter contato com a natureza, a praticar esportes, a conquistar amizades, a viver a vida como uma grande aventura.

Leve seus filhos desde pequenos a criticarem o modelo de beleza imposto pela mídia, em especial pelas propagandas comerciais. Deste modo, eles desenvolverão defesa emocional contra a invasão de imagens em seu inconsciente e terão mais chances de não desenvolver a síndrome do Padrão Inatingível de Beleza.

A grande maioria das mulheres gostaria que a mídia difundisse um padrão de beleza comum, que enfatizasse um biótipo normal da mulher, e não estabelecesse como padrão de beleza corpos supermagros de adolescentes. A mulher atual deseja ainda que a mídia enfatize menos as curvas do corpo e mais a inteligência da mulher. Batalharemos por essa meta em nossas revistas. Entrem nessa luta! Reclamem, confrontem, critiquem as empresas que vendem um falso ideal de beleza. Precisamos de um combate mundial. Por amor à humanidade, participe desse movimento!

Comitê Internacional Contra a Ditadura da Beleza

Elizabeth Whit (EUA), Mitiko Sakamura (Japão), Brígida Fonn (França), Lúcia Lacerda (Brasil), Sofia Donatelli (Itália), Helen Günter (Alemanha), Christine Johnson (Inglaterra), Lorna Roosevelt (Canadá), Chen Ling (China), Rúbia Rumanovi (Rússia).

～

Ao pegar a nova edição da *Mulher Moderna*, Robert ainda sentia o cheiro fresco de tinta. Olhou a modelo da capa, achou-a atraente. Enquanto a observava, refletiu que fora um homem de fibra ao rejeitar Sarah como capa de revista. "Um líder não deve ceder a pressões, deve estar acima das paixões humanas", pensou ele.

Enquanto folheava tranquilamente a revista e passava os olhos nas reportagens, encontrou a carta aberta. Levou um susto. Inicialmente, pensou que se tratava de matéria paga, mas não havia nenhuma tarja indicando. À medida que começou a lê-la, sentiu um nó na garganta. Os primeiros parágrafos o abalaram tanto que gritou para si mesmo: "Quem escreveu esse absurdo?" Subitamente desceu os olhos e viu o nome de Elizabeth. Teve um ataque de raiva e balbuciou: "Isso é vingança, o golpe mais baixo que já recebi!"

Continuou a ler ansiosamente a carta, mas, à medida que lia, suava frio. Estava tão desnorteado que lia e relia algumas frases em voz alta e meneava a cabeça condenando o que ouvia. Imaginou que tal carta poderia ser um desastre para o futuro da revista. "É tudo o que os concorrentes querem." Ao terminá-la, estava trêmulo. Pegou o interfone e gritou para a secretária:

– Chame Elizabeth! Agora!

Ao receber o comunicado, Elizabeth perguntou à secretária:

– Como está o humor dele?

– Péssimo – ela respondeu.

Elizabeth ficou apreensiva, mas teria de enfrentar a fera. Afinal, nada poderia ser pior do que vê-lo discriminar sua própria filha. Ao entrar no escritório, ele esbravejou:

– Você é louca, Elizabeth! – Parecia querer engoli-la com os olhos. – Com que autoridade você escreveu uma carta dessas sem minha autorização? Já imaginou as consequências do conteúdo disso?

– Fui fiel à minha consciência. Quem não é fiel à sua consciência tem uma dívida impagável consigo mesmo – ela afirmou tentando mostrar segurança.

– Dívida com a sua consciência? – Ele não entendia o que ela falava. Mas rebateu. – Dívida é o que você vai ter quando perder esse emprego.

A boca de Elizabeth secou. Sarah estava encerrando sua carreira de modelo. Se ela também ficasse desempregada, a situação poderia se agravar muito. Sabia que Robert era um homem frio, que cumpria suas ameaças.

Ela tentou falar algo sobre a grandeza do movimento. Esperava que, se ele não o apoiasse, pelo menos o respeitasse, pois se tratava de um movimento internacional. Comentou sobre o comitê, os objetivos pacíficos do projeto e disse que Lisa era a secretária-executiva. Enquanto Elizabeth falava, Robert sentiu no ar o perigo enorme que esse movimento poderia representar para a sua carreira e para o futuro da *Mulher Moderna*.

– As crianças estão perdendo a infância, os adolescentes estão... – Antes que Elizabeth completasse a frase, ele a interrompeu agressivamente.

– Nós estamos na nação mais livre do mundo. As crianças, as adolescentes e as mulheres deste país são livres e têm uma qualidade de vida invejável.

– Não tenho dúvida quanto a isso, mas precisamos ser livres por dentro e.... – Quando ela ia completar a frase, Robert novamente a cortou.

– Você quer consertar a democracia? Se quiser, mude de emprego. – Sua frieza era insuportável.

– Creio que, se formos transparentes com nossas leitoras, conquistaremos um público mais fiel para nossa revista e aumentaremos a massa crítica da sociedade.

– Massa crítica? Pare com esse romantismo. Precisamos vender revistas! Esse é o nosso negócio! – Sua falta de consideração pelas mulheres era total.

– Você vende revistas, mas eu vendo ideias. Somos diferentes...

– Claro que somos diferentes. Eu sou diretor e você é minha subordinada. E não percebe que pode ser despedida.

– Quando você me contratou há mais de onze anos, a revista estava em péssima situação. Sob minha gerência editorial, multiplicamos por dez a tiragem de cada edição. Você não é capaz de reconhecer o meu valor?

Robert ficou abalado, mas continuou agressivo:

– Você não fez mais do que sua obrigação, recebeu por isso. Mas, com essa carta utópica que você e suas amiguinhas com peso na consciência escreveram, você está colocando a empresa em alto risco. Só faltaram dizer às leitoras "perdoem as tolices que fizemos". Um líder não se arrepende das suas atitudes. Você fez bem até hoje em divulgar um padrão de beleza definido. Pode se retirar – disse secamente.

Elizabeth jamais havia chorado na redação, por mais problemas e dificuldades que atravessasse, mas desta vez chorou. Odiou Robert não apenas porque a maltratara, mas pelo desrespeito com as leitoras. A suspeita de que o comitê enfrentaria dias difíceis estava se confirmando.

Quando a viram chorando, um grupo de jornalistas que apoiava suas ideias correu para consolá-la. De repente, Lisa chegou.

– O que aconteceu? – perguntou a secretária do movimento.

– Encontrei um monstro. Acho que vamos ser demitidas – disse Elizabeth, insegura.

Robert decidiu esperar os resultados da carta para tomar suas decisões. Queria sentir como reagiriam as vendas da revista e os anunciantes.

Capítulo 11

Três dias depois, Robert chamou Elizabeth para informar que alguns anunciantes tinham rompido seus contratos com a revista em decorrência da carta aberta. Era o que ele precisava para cortar as asas dessa perigosa revolução que estava nascendo na redação. Desejando romper a veia jugular da gerente editorial, ele disse agressivamente:

– Por sua causa, terei de despedir três jornalistas. Entre elas, Lisa.

Elizabeth entrou em estado de choque. Ser responsabilizada pela demissão de Lisa era como enfiar um estilete na sua alma. Robert só não despediu Elizabeth porque ainda precisava do trabalho dela.

– Por favor, não faça isso! Despeça-me e mantenha o emprego de Lisa e das outras jornalistas – disse, com lágrimas nos olhos.

– Já tomei minha decisão, você pode sair – falou, cortando qualquer possibilidade de diálogo.

Robert já tinha conversado com Lisa minutos antes. Ela estava chorando quando Elizabeth a encontrou em sua sala. Elas se abraçaram prolongadamente. Elizabeth pediu-lhe desculpas e disse que não aceitaria essa situação.

– Pedirei demissão também – disse, solidária com a amiga.

– Não, Elizabeth. É o que Robert quer. Ele representa o sistema que deseja nos calar. Não se demita, você é mais útil para a nossa causa aqui. Muitos sonham, mas poucos têm coragem de pagar o preço para executar seus sonhos. Enfrentarei o concorrido mercado de trabalho novamente. É o meu preço.

Elizabeth ficou emocionada com a coragem de Lisa. Todas as mulheres do comitê receberam advertências dos diretores dos grupos que editavam as revistas. Foram pressionadas, chantageadas e encorajadas a jamais terem outra atitude semelhante. Mitiko, gerente editorial do Japão, e Sofia, da Itália, tiveram o mesmo destino de Lisa: foram despedidas sumariamente. Houve perda de anunciantes em todas as revistas.

Quando soube do drama de Sofia e Mitiko, Elizabeth ficou arrasada. Sentia-se culpada, afinal de contas foi ela que propôs a formação do comitê. Pensou com ela mesma: "Acabei com a carreira de grandes jornalistas." Teve medo e raiva do sistema. O movimento sofreu um grande abalo. Todavia, as conselheiras do comitê que ainda preservaram seus empregos decidiram contratar Mitiko, Sofia, Lisa e as outras jornalistas que foram demitidas como correspondentes internacionais das revistas dirigidas por elas. A tempestade foi aliviada, mas o inverno ainda não havia chegado.

Nos dias que se seguiram, o movimento contra a ditadura da beleza entrou em estado de euforia. Começou a surgir uma avalanche de cartas e e-mails apoiando a causa. Esqueceram as pressões e se alegraram com as reações das mulheres em todos os países em que a carta aberta foi publicada. A sensação era de que uma revolução silenciosa e inteligente estava no caminho certo. Somando-se todas as cartas e todos os e-mails recebidos, o número ultrapassava os dois milhões. Foi a maior repercussão de todos os tempos para uma matéria jornalística.

Mais de 500 mil mulheres de todas as idades queriam mais informações sobre a síndrome PIB. Elas agradeciam a carta aberta, revelando que ela era um brinde à sua debilitada autoestima. Diziam não suportar se olhar no espelho e confirmaram que a insatisfação com o corpo afetava sua autoconfiança, seu prazer social, profissional e sexual.

Pelas mensagens, ficou comprovado que a aparência e o estilo da mulher muitas vezes determinam seu sucesso ou fracasso em empresas que lidam diretamente com o público – caso de bancos, empresas aéreas e lojas de departamentos. Algumas contaram casos de discriminação profissional, inclusive em concursos, por não estarem dentro do padrão de beleza. E houve até quem tenha sido humilhada pelo chefe porque não era bonita.

Chegaram também mais 100 mil mensagens de mães desesperadas relatando casos de transtornos alimentares de seus filhos. Queriam ter recebido esse alerta quando eles estavam na primeira infância, mas nunca foram orientadas. Mais de 2 mil adolescentes portadoras de anorexia nervosa e bulimia diziam que tinham perdido a vontade de viver, mas que agora se sentiam com um novo ânimo. Algumas reproduziam o trecho da carta aberta, que dizia: *Cada criança tem sua beleza, não importa a cor, a raça, o tamanho e as curvas do corpo*. Prometeram que confiariam mais nos seus psiquiatras e psicólogos, que lutariam contra a ditadura da beleza.

Surpreendentemente, chegaram 500 mensagens de garotos com vigorexia, um transtorno que tem sintomas opostos à anorexia. Eles malham compulsivamente nas academias para se sentirem poderosos fisicamente e socialmente admirados. As mensagens também revelavam que, para adquirir massa muscular, eles tomavam anabolizantes e vitaminas sem orientação médica, colocando suas vidas em risco. Após terem lido a carta, disseram que queriam ser poderosos em sua inteligência.

Receberam ainda mais de 150 mil mensagens de mulheres com idade acima dos 40 anos admitindo o medo de envelhecer, de perder o prazer sexual, de não ser atraente, amada e procurada. Disseram que começaram a entender que beleza era um estado de espírito.

Uma senhora de 92 anos escreveu dizendo que se sentia eternamente jovem, mais jovem do que muitos adolescentes. Aliás, mais de mil mulheres acima de 70 anos declararam que ainda se sentiam bonitas, mesmo que as sociedades modernas valorizassem a estética dos jovens e não a sabedoria dos idosos. Elas escaparam da ditadura da beleza porque viveram numa época menos massificadora.

A grande surpresa, no entanto, foram os depoimentos escritos por homens de todas as idades, principalmente da faixa de 25 a 40 anos. Mais de 50 mil e-mails afirmavam que eles também eram escravos da beleza e compulsivos por dietas. Comiam com culpa e não se permitiam relaxar num restaurante. Muitos tinham graves complexos pela anatomia do nariz, rosto, altura. Outros não suportavam os cabelos grisalhos, muito menos a calvície.

Mas o que a maioria dos homens detestava mesmo era a proeminência da barriga. Vários queriam fazer cirurgia plástica. Mas eles estavam começando a perceber que supervalorizar o corpo e minimizar o mundo das ideias era um suicídio emocional. Um jovem de 30 anos brincou com a própria barriga, dizendo que sua plástica seria diminuir a cerveja.

Além dos mais de 2 milhões de leitores que escreveram apoiando o comitê, mais de 500 psicólogos e 200 psiquiatras de várias partes do mundo também enviaram mensagens animadoras. Eles consideravam a ditadura da beleza uma das maiores violações dos direitos humanos de todos os tempos e louvaram a atitude corajosa das revistas que a denunciaram. Verdadeiros tratados psicológicos foram enviados via e-mail, que explicavam como as imagens das modelos vendendo produtos penetram no subconsciente e geram consequências mais sérias e sutis do que as mensagens subliminares.

As mensagens subliminares atuam por meio de inserções de imagens, influenciando a capacidade de decisão de todos nós. Se, por exemplo, a imagem de um refrigerante aparecer na trama de um filme – a cada segundo passam 24 fotogramas para dar a ideia de movimento –, embora imperceptível aos olhos conscientes do espectador, esse processo visual detona um fenômeno chamado gatilho da memória, que desperta o desejo de tomar o refrigerante na saída do cinema. As mensagens subliminares moldam a capacidade de decisão do espectador e por isso foram proibidas.

Da mesma forma, as imagens das modelos nas campanhas de publicidade, amplamente pulverizadas em todos os meios de comunicação, entram no subconsciente, gerando na mulher o desejo subliminar de identificação com o corpo das modelos e no homem o desejo erótico de possuí-las. Alguns profissionais de saúde mental consideram a exploração erótica do corpo da mulher na indústria do consumo uma das maiores e mais nocivas invenções do capitalismo.

Além de todas as mensagens de apoio, a repercussão da carta aberta em toda a mídia foi fenomenal. As dirigentes do comitê começaram a dar entrevistas em jornais, outras revistas, programas de televisão. Saíram do anonimato para o estrelato. Sabiam que estavam sendo notícia e queriam usar esse momento ímpar para divulgar o movimento.

Foram dias de grandes vitórias. Elas estavam verdadeiramente eufóricas, parecia que os obstáculos haviam se dissipado no ar. Para coroar essa ousadia, em todos os países as revistas venderam, na média, 20% a mais do que no mês anterior. Na França, o aumento chegou a 28%. Ou seja: um sucesso inquestionavelmente estrondoso.

O entusiasmo foi tão grande que as líderes do movimento não perceberam que eram peixes pequenos nadando entre tubarões.

Capítulo 12

Rosie foi novamente ao consultório de Marco Polo. Antes de começar a se tratar com ele, ela havia deixado de frequentar lugares públicos. À exceção da escola, sua casa era seu mundo, ou melhor, seu presídio. A mãe, Bárbara, professora de matemática, interrompera as aulas na universidade nos últimos dois anos para cuidar mais de perto da filha. O medo de que Rosie tivesse falência múltipla dos órgãos a desesperava, bem como a seu marido.

A notícia de que ela comera um pequeno bife ou tomara um iogurte era comemorada pelos pais como um troféu. Marco Polo, no entanto, pediu insistentemente a eles que agissem com o máximo de naturalidade, não a chantageassem nem a pressionassem para comer, muito menos se comportassem como plateia para as atitudes dela.

Orientou que eles deviam comer com prazer na frente dela, exaltar o paladar dos alimentos espontaneamente. A ansiedade em fazê-la comer detonava uma reação que, em uma fração de segundo, a levava a penetrar em suas zonas de conflito inconscientes e automaticamente bloqueava o apetite. Ao mesmo tempo, ela esperava uma superatenção por parte dos espectadores aflitos. Ou seja: esse fascinante mecanismo perpetuava seu presídio psíquico.

À medida que começou a questionar sua autoimagem e sua interpretação distorcida da vida, Rosie passou a enxergar as coisas de forma diferente. Às vezes, ela tinha recaídas e insistia que estava obesa, principalmente quando ganhava um ou dois quilos, mas, em seguida, retomava a trajetória ascendente. Ainda havia muitos riscos no tratamento.

Marco Polo estimulava a inteligência e a emoção de Rosie com segurança e amabilidade. Ele sabia que um "eu" mal definido não tinha plena consciência de si mesmo, não construía os próprios caminhos. O "eu" de Rosie precisava deixar de ser um espectador passivo da anorexia e passar a cultivar as mais belas sementes da inteligência nos solos da sua mente, em especial a autocrítica.

O psiquiatra disse-lhe que o primeiro passo para a transformação é perder o medo de entrar em contato com a própria realidade, descobrir as próprias feridas, reconhecer atitudes infantis, autoritárias, simulatórias. Vendo-a pensativa, Marco Polo aproveitou o momento e comentou:

– Você é uma garota inteligente e encantadora, mas, às vezes, acho que possui uma necessidade intensa de ser vista. As pessoas têm de notá-la, ainda que seja pelo seu corpo magérrimo. Parece que você tem medo de ganhar peso e conquistar uma beleza natural que não chame muito a atenção dos outros. Se eu estiver errado, aponte seus argumentos e me desculpe, pois não sou dono da verdade, mas, se eu estiver correto, reflita e repense seu comportamento – disse delicada, mas seriamente.

Rosie se surpreendia frequentemente com o modo gentil e, ao mesmo tempo, provocativo de Marco Polo. Ela era convidada a pensar. Sabia que, no fundo, as palavras dele dissecavam algumas características que alicerçavam sua doença. Sentia que precisava ter luz e órbita próprias. Tinha de repensar a imagem distorcida que tinha de si mesma. Já era tempo de parar de sofrer.

Num momento de interiorização, começou a chorar. Lágrimas escorriam pela sua face pálida e magra, desenhando contornos no rosto esmagado pela dor. Marco Polo não suportou. Também ficou com os olhos cheios d'água. Por mais que protegesse sua emoção, o psiquiatra e o ser humano eram inseparáveis.

– Tenho medo de não ser amada, mas acho que a pessoa que menos gosta de mim sou eu mesma – falou Rosie soluçando, mas com lucidez. E adicionou: – O que eu tenho feito com minha vida? – perguntou para si mesma.

Marco Polo sorriu suavemente. Finalmente, Rosie começou a penetrar em camadas mais profundas no complexo oceano da sua personalidade. Não era fácil reconhecer as próprias misérias psíquicas, mas era necessário. Não era confortável enxergar suas falhas e sua autodestrutividade, mas era fundamental. Rosie, pouco a pouco, começou a se alimentar melhor e a romper o ritual angustiante de escolher alimentos e somar calorias.

∼

Na semana seguinte, Marco Polo encontrou Elizabeth e Lisa. Ele estava acompanhado de Anna. Disse que a pesquisa que eles haviam discutido na casa de Elizabeth era excelente, mas outros dados precisavam ser investigados. Comentou que ele e Anna haviam elaborado uma nova pesquisa para ser aplicada num país tropical, com uma população multirracial, onde as mulheres eram alegres e comunicativas: o Brasil. Acreditavam que, se os dados sobre a ditadura da beleza num país tropical fossem alarmantes, nos demais países a situação seria ainda mais grave.

– E, infelizmente, os dados parciais da nova pesquisa são espantosos. Trazem informações que alicerçam a luta do comitê – declarou Anna, convicta.

Elizabeth e Lisa ficaram felicíssimas com a notícia.

– Não há melhor lugar para você apresentar essa pesquisa do que no congresso de Los Angeles – disse Elizabeth a Marco Polo. Em seguida, relatou seu entusiasmo com o movimento: – Temos dado muitas entrevistas e sinto que a imprensa está nos apoiando maciçamente em muitos países.

– Somos mulheres da mídia, temos de usá-la a nosso favor – completou Lisa.

Somando todas as entrevistas em jornais, TV, rádio, podcasts e revistas que as dirigentes do comitê haviam dado, foram mais de 230. Além de defender a causa das mulheres, elas aproveitavam para divulgar o primeiro congresso do movimento.

Em seguida, Elizabeth falou de forma entusiasmada para Marco Polo:

– Devemos muito a você e ao Falcão o sucesso desse movimento. Conversei com todas as conselheiras e gostaríamos de nomeá-los oficialmente, como psiquiatra e filósofo, consultores do comitê. Gostaríamos que vocês também dessem entrevistas em todos os meios de comunicação.

Marco Polo esboçou um sorriso, mas estava apreensivo pelo fato de o movimento estar superexposto na mídia. Sabia como se forma a imagem de uma pessoa ou de uma ideologia no inconsciente coletivo, sabia como a mídia poderia ajudar ou prejudicar a formação dessa imagem. Inquieto, disse que aceitaria com grande prazer contribuir com o comitê, mas gostaria de manter um distanciamento da mídia. Os seus livros falavam por ele. Só daria entrevistas em casos estritamente necessários. E acrescentou:

– Elizabeth, eu sei que nenhuma sociedade é livre sem uma imprensa livre. Sei que todas vocês têm mais experiência que eu nessa área. Mas tomem cuidado! A imprensa constrói e destrói mitos. Num instante vocês estão no auge, no outro podem cair em desgraça.

Marco Polo achava que o movimento deveria ter menos glamour, ocupar menos espaço na imprensa, começar de baixo para cima, produzindo uma revolução educacional cujo ponto de partida seriam as escolas, as famílias, as ruas, os bairros. Para ele, os professores são os profissionais mais importantes da sociedade. Sua adesão daria credibilidade ao movimento, que ganharia corpo.

As mulheres do comitê eram jornalistas de sucesso, arrojadas e intrépidas, mas só tinham experiência do lado de lá da mídia, como entrevistadoras, e não como objeto das entrevistas. Elizabeth engoliu em seco as palavras do amigo. Tudo corria tão bem que ela considerara os riscos mínimos.

O movimento crescia dia a dia e ganhava a simpatia da sociedade. Inúmeras reuniões eram feitas nos mais diversos países. O que ninguém imaginava é que o movimento contra a ditadura da beleza estava mudando não apenas a maneira como a mulher ou o homem contemplavam o belo e expandiam seu prazer de viver. Ele estava mexendo, direta ou indiretamente, com uma quantidade enorme de produtos e serviços, ou seja, com uma parte significativa do produto interno bruto das nações.

E, quando se mexe com o dinheiro, abre-se uma caixa de Pandora, um baú de segredos cujas consequências são imprevisíveis.

Capítulo 13

Chegou o grande dia do Congresso Contra a Ditadura da Beleza. A duração do congresso era de três dias. Havia mais de 10 mil participantes, sendo que 3 mil mulheres vieram de mais de 100 países diferentes. Não havia patrocinadores, pois, embora admirassem a causa, as empresas queriam entender melhor o movimento e saber aonde ele levaria e que ganhos ou prejuízos teriam para a imagem dos seus produtos. Ficaram em cima do muro.

Lisa estava eufórica. Abraçava as dirigentes do comitê e dizia, entusiasmada:

– Que sucesso!

Elizabeth abriu o evento. Na sequência, foram realizadas várias conferências sobre os direitos da mulher, qualidade de vida, autoestima, transtornos psicológicos, doenças psicossomáticas e assédio sexual, entre outros temas. Havia também trabalhos sobre temas específicos: violência doméstica contra mulheres em países europeus; a solidão das mulheres idosas que moravam sozinhas nos últimos andares dos prédios de Lisboa, Paris e Londres; o tráfico de mulheres em países da América Latina, que eram seduzidas a viverem no paraíso de países ricos, mas, na realidade, encontravam um verdadeiro inferno, pois eram ameaçadas, agredidas, violentadas, privadas de liberdade e do contato com a família.

Também foram apresentados trabalhos sobre a prostituição infantil e o turismo sexual em países de baixa renda, com homens de meia-idade vindo de nações ricas para ter relações sexuais com adolescentes, pré-adolescentes e até crianças.

Médicas, psiquiatras, psicólogas, sociólogas e assistentes sociais apresentaram trabalhos de alguma forma ligados à autoimagem, à opressão da beleza e à beleza como fator de barganha.

As mulheres estavam ansiosas pela conferência de Marco Polo e Falcão. Eles não amavam os holofotes, mas se tornaram incontrolavelmente famosos. A fama era um corpo estranho na alma deles, porque acreditavam, como pensadores, que no seio da humanidade não havia reis e súditos, celebridades e anônimos, intelectuais e psicóticos, mas seres humanos que deveriam se relacionar com igualdade e fraternidade.

Quando subiram ao palco, um batalhão de fotógrafos da imprensa mundial começou a clicá-los. Lembraram-se dos tempos em que faziam poesias e discursos nas praças, viviam no anonimato, extraíam o máximo de prazer das pequenas coisas, eram muito felizes. Ajudaram a fundar o movimento e só estavam nele porque eram apaixonados pela causa das mulheres.

Inicialmente, Marco Polo falou sobre o fenômeno da psicoadaptação e construção da autoimagem. A psicoadaptação é a perda da capacidade de sentir prazer ou dor diante da exposição ao mesmo estímulo. E deu exemplos. Disse que, quando se compra um celular, no começo a imagem do celular anima, excita, dá um sentimento de realização, mas, à medida que o estímulo se repete ao longo do tempo, ele deixa de suscitar a emoção. Com isso, surge uma ansiedade vital que faz a pessoa procurar um novo modelo de celular.

– Alguns colocam um quadro de pintura na parede e nos primeiros dias sentem prazer em contemplá-lo, mas um mês depois nem se lembram de que ele está ali. Do mesmo modo, as mulheres sentem-se bem com uma nova roupa. Depois de usá-la algumas vezes, mesmo que a roupa esteja novíssima, a psicoadaptação bloqueia o prazer. – Marco Polo continuou: – Todos nós sofremos ação do fenômeno da psicoadaptação, porém, dependendo do tipo de personalidade, ela pode ser mais ou menos intensa. Há adolescentes que, após ganhar um presente e usá-lo uma única vez, perdem o encanto por ele.

Falcão entrou em cena e disse:

– Do lado positivo, o fenômeno da psicoadaptação gera uma ansiedade que nos estimula a sempre procurar novas experiências, o que promove a criatividade, a inventividade, a curiosidade. Sem isso, não teríamos desenvolvido ciência, cultura e religião. Do lado negativo, se a psicoadaptação for mal gerenciada, gera solidão, insatisfação crônica e destrói as relações sociais. Há profissionais bem-sucedidos que têm muitos motivos para serem felizes, mas são entediados, angustiados. Psicoadaptaram a vida. Tudo é chato, rotineiro, sem sabor emocional. Só amam desafios.

A plateia os ouvia atentamente, mas não sabia aonde eles desejavam chegar. Em seguida, Falcão perguntou:

– O que tem a ver a psicoadaptação com a ditadura da beleza?

Após um momento de silêncio, Marco Polo respondeu:

– Muitíssimo. A frequente exposição da imagem de uma mulher diante do espelho faz com que ela se psicoadapte à sua imagem e deixe de se encantar com ela, ainda que não tenha um padrão de beleza doentio em seu inconsciente.

As mulheres entenderam que diminuir o prazer diante da própria imagem era algo natural e que para recuperá-lo era preciso aprender a elogiar a vida, perceber sua graça, aceitar seu corpo, viver com suavidade. Marco Polo disse que é normal um casal diminuir o nível de paixão com o tempo. Para reacendê-la, eles só precisariam aprofundar a relação, entrar em camadas mais profundas de diálogo, viver belos sonhos juntos. Do mesmo modo, resgatar a autoestima e o prazer pela vida exigiria mergulhar em camadas mais profundas da existência.

Após essa exposição, Marco Polo comentou que, se por um lado há uma diminuição natural do encanto com o corpo em decorrência da ação do fenômeno da psicoadaptação, por outro lado o padrão inatingível de beleza difundido pela mídia multiplicava a ação desse fenômeno, gerando uma intensa ansiedade e uma rápida redução de prazer talvez nunca antes vista na história. Era preciso treinar a emoção para se proteger, expandir a tranquilidade, fomentar a alegria e superar as amarras do fenômeno da psicoadaptação.

O psiquiatra ainda comentou que o fato de mulheres e homens não possuírem esse treinamento emocional os deixava mais propensos à síndrome PIB. A dança de fenômenos inconscientes, como o "gatilho", as "janelas" e a "psicoadaptação", tornava o ser humano presa fácil dos seus conflitos, dificultando que ele se tornasse o autor da própria história.

Ele abordou também a maneira como a rejeição de certa parte do corpo, como nariz, culote, seios, barriga, gera um estado de angústia que acelera a distorção da realidade, convencendo a pessoa de que aquela área do corpo é monstruosa.

Após esse relato, Marco Polo comentou:

– A mentira contada várias vezes gera uma psicoadaptação a ela e, por fim, ela se torna verdadeira. Ainda que todo mundo diga que uma área do seu corpo que você rejeita é bela, o que acaba valendo é a imagem interior, a que você se psicoadaptou.

Para reforçar sua tese, começou a dissecar a interessante pesquisa que elaborou, mas, antes de tecer seus comentários, agradeceu a colaboração de Anna. Olhou para ela e comentou:

– Na frente, e não atrás, de um grande homem há uma grande mulher. Eu sinto que não sou um grande homem, mas tenho certeza de que minha esposa é uma grande mulher. Obrigado, Anna, por encantar a minha vida.

As mulheres aplaudiram com entusiasmo essa declaração de amor. Em seguida, Marco Polo discorreu:

– A pesquisa revelou que 46% das mulheres rejeitam sua barriga. – Ao ouvir esse número, as mulheres deram risadas na plateia. Identificaram-se com o problema. – Extrapolando esses números para todas as mulheres das sociedades modernas, teremos a cifra de quase 1,1 bilhão de mulheres que têm verdadeiro pavor de olhar para sua maravilhosa barriguinha. Quando estão diante do espelho, elas viram de um lado para outro na tentativa de disfarçá-la. O que é engraçado é que em muitos períodos da história uma barriga levemente proeminente era sinal de beleza e saúde.

Marco Polo continuou dizendo que 21% rejeitam seus seios, 21% criticam seus cabelos, 14% detestam seu culote, 14% odeiam seu bumbum, 12% abominam seu nariz, 11% têm problemas com seu quadril, 9% não gostam dos seus dentes e 8% fazem restrições às suas coxas. Disse ainda que quando uma pessoa passa a rejeitar uma área do corpo, essa rejeição se torna um grave sintoma da síndrome PIB e, em alguns casos, pode se transformar em um transtorno do corpo dismórfico, uma aversão à forma do corpo. E deu uma péssima notícia.

– Cinco por cento das mulheres detestam o próprio corpo. Se extrapolarmos esse índice para o total de mulheres na sociedade moderna, mais de 130 milhões delas querem mudar tudo em seu corpo, até os fios de cabelo. Alguém na plateia quer trocar de corpo?

O caso era de chorar, mas, por ser tão bizarro, as mulheres deram novas gargalhadas. Falcão aproveitou para abordar o outro dado da pesquisa:

– Os coitados dos pés que diariamente suportam nosso peso também são vítimas da ditadura da beleza. Por incrível que pareça, 8% das mulheres rejeitam seus pés, embora os lavem, pintem ritualmente suas unhas e façam peripécias para deixá-los bonitos – disse o filósofo, brincando. E afirmou: – Raramente algum homem repara nos pés das mulheres, mas quase 200 milhões delas têm a paranoia de achar que eles os observam. Queridas mulheres, parem de pôr caraminholas na cabeça!

Falcão comentou mais um dado:

– De acordo com essa pesquisa, apenas 20% das mulheres estão satisfeitas com tudo. Por um lado, isso é ótimo, mas por outro indica que 80% da população feminina, ou seja, mais de 2 bilhões de mulheres detestam alguma área do próprio corpo. Isso quer dizer que o normal é ter sintomas da síndrome do padrão inatingível de beleza e o anormal é ser saudável. Tem alguém "normal" aqui? – perguntou, bem-humorado. Quase todas as mulheres levantaram as mãos.

As mulheres relaxaram. Marco Polo comentou outro dado da pesquisa que as deixou pasmas e, ao mesmo tempo, com mais garra para lutar contra a ditadura da beleza.

– É muito triste relatar que 22% das mulheres já têm consciência de que são escravas da ditadura da beleza.

Falcão, com o coração apertado, acrescentou:

– Esse é um índice altíssimo. Extrapolando para a população feminina mundial, são mais de 600 milhões de mulheres. Elas deveriam estar sorrindo, sonhando, vivendo belíssimos projetos de vida, mas estão aprisionadas, sufocadas, asfixiadas, para ser o que não são. A análise por faixa etária revela uma situação mais cruel ainda, pois um terço das mulheres dos 30 aos 39 anos, que estão numa excelente fase, são mais maduras, sensuais e atraentes, são atormentadas porque não têm o corpo de uma adolescente.

As mulheres ficaram perplexas. Eles estavam falando de uma escravidão da alma.

Marco Polo deu um suspiro e tocou em outro assunto grave:

– Infelizmente, Hollywood tem contribuído para difundir um falso ideal de beleza no mundo. Tem contribuído para discriminar e assassinar a autoestima de milhões de mulheres de todas as raças, culturas, religiões.

Essa afirmação deixou o público atônito. Falcão foi mais longe na sua abordagem:

– Mais de 70% das mulheres concordam que o cinema de Hollywood discrimina as mulheres, pois coloca em destaque atrizes que fogem dos padrões comuns de beleza. A excessiva exposição de atrizes magríssimas e de uma beleza atípica penetra imperceptivelmente no inconsciente das espectadoras como o joio nos campos de trigo.

Ocorreu um burburinho na plateia, as mulheres não paravam de falar umas com as outras. Elizabeth e as demais conselheiras do comitê esfregaram as mãos no rosto e nos olhos diante dessa análise. Ela tinha algumas amigas que eram excelentes atrizes e, enquanto eram jovens e bonitas, tinham papéis de destaque no cinema, mas, à medida que os traços do rosto e do corpo foram mudando, perderam os papéis importantes. Apenas algumas se mantiveram em evidência.

Marco Polo afiou a sua crítica ao tocar em outro assunto:

– O cinema americano, ainda que inconscientemente, discrimina os próprios adolescentes americanos. Cerca de um terço dos jovens deste país possui algum grau de obesidade, mas raramente um jovem gordinho tem um papel de destaque nos filmes, a não ser que seja um filme de humor. A obesidade se torna um fator de deboche, um convite à sátira. Será que Hollywood não percebe que cada jovem que está acima do peso é um mundo a ser explorado, uma estrela no palco da vida?

Falcão respirou profundamente e completou:

– Já notaram que é raríssimo haver no cinema pares românticos de obesos, de pessoas com beleza comum ou de idosos? Parece que só os atores dentro de um padrão supervalorizado de beleza são aventureiros, perspicazes, dotados de inteligência e paixão. Isso é discriminação, uma estupidez da inteligência! – falou o pensador da filosofia com autoridade. E ainda mexeu com as mulheres de meia-idade, muitas das quais jornalistas. – Até parece que senhores e senhoras como eu e vocês não fazem amor!

A plateia delirou. Um casal de velhinhos de 80 anos levantou-se no imenso auditório e gritou:

– Parabéns, meu filho!

Marco Polo aproveitou o momento para informar que a ideia do peso ideal estava sendo questionada na medicina. Estar um pouco acima do peso ideal não era mais visto como um problema, desde que o colesterol, os triglicerídeos, a glicemia, etc. estivessem em ordem. E brincou com seu amigo, dizendo:

– Da próxima vez que virem um gordinho como o Falcão, pensem: "Este homem é saudável."

– E bonitão também! – adicionou o filósofo de 68 anos, que se sentia um garoto descobrindo a vida.

A plateia aplaudiu em peso seu jeito alegre de viver. Marco Polo comentou outros dados da pesquisa. Disse que a ditadura da beleza é tão insidiosa que 80% das mulheres se vestiam não apenas para sua satisfação, mas para satisfazer a crítica de outras mulheres. Relatou que a indústria da moda é exclusivista e discriminatória, pois 73% das mulheres afirmam que ela é feita para as magras.

– Será que não podemos ter um desfile com pessoas fora do padrão alucinante da mídia? Excluir drasticamente do mundo fashion e das passarelas o biotipo comum das mulheres não é praticar um crime contra a consciência delas, não é excluí-las, como os leprosos foram no passado? – indagou Marco Polo.

A plateia ficou alvoroçada. Havia vinte grandes estilistas no evento. Alguns saíram nesse momento. Ficaram apavorados, suas cabeças entraram em transe. Outros queriam fazer mudanças, mas temiam as consequências.

De repente, o silêncio foi quebrado. Um famoso estilista de Paris, Ives Latorra, cultuado pela mídia internacional, decidiu naquele momento romper os paradigmas, revolucionar seu desfile que ocorreria justamente no final do mês seguinte. Ele encarava cada mulher como uma pessoa única, para ele não havia belas e feias, cada uma tinha seu estilo. Ele sabia que os desfiles eram opressivos, uma apologia ao corpo esquelético. Tinha consciência de que as mulheres absolutamente normais pagavam pela obsessão da magreza. Nunca ousou fazer mudanças porque o mercado da moda o obrigava a seguir o estereótipo.

Para surpresa de todos, ele se levantou na décima fileira e gritou:

– Eu aceito o desafio! Farei um desfile mesclando a beleza das top models com a beleza comum. É tempo de mudança. Colocarei mulheres fora do estereótipo da beleza.

A reação das mulheres foi imediata. As que estavam perto o abraçaram e beijaram. Era a primeira vez que alguém enfrentaria as imensas garras do mercado. Elizabeth interrompeu a conferência e falou ao microfone da ousadia de Latorra. Inúmeras mulheres choraram de emoção. A aventura poderia ser um oásis ou um desastre. Ninguém sabia.

Animado, Marco Polo fez o relato final da pesquisa. Disse que o quadro dos sintomas psíquicos e psicossomáticos das mulheres era muito preocupante. Vinte e seis por cento das mulheres sentiam fadiga excessiva; 28% tinham transtorno do sono; 20% apresentavam déficit de memória; 22% sentiam angústia; 19% sentiam desmotivação, desânimo; 19% sentiam medo, medo da vida, medo do amanhã, medo de não ser aceita; 17% viviam ilhadas pela solidão. Além disso, 5% das mulheres, representando mais de cem milhões de mulheres, tinham vontade de desistir da vida, sendo que a maioria era de adolescentes.

Havia centenas de mães no congresso não apenas preocupadas com o movimento, mas com a crise que seus filhos estavam atravessando. De repente, notaram uma mulher japonesa na segunda fileira, que chorava sem parar.

Era Kiomi, uma socióloga que vivera uma tragédia familiar. Sua filha de 18 anos rejeitara drasticamente os traços orientais, queria parecer uma adolescente ocidental. Teve crises depressivas, fobia social e ficou alguns anos sem sair de casa, até que um dia cometeu suicídio. Kiomi estava na plateia oferecendo as suas lágrimas para irrigar o movimento.

Ao final da conferência, Marco Polo e Falcão foram ovacionados com entusiasmo pela imensa plateia. Todavia, o choro daquela mulher parecia mais importante para eles. Falcão desceu do palco e, sem conhecer Kiomi, chorou com ela. Ele era um homem sofrido, conhecia o código das lágrimas. Sabia que as gotas que saíam do anonimato e ganhavam o palco dos olhos eram mais eloquentes do que o ribombar das palavras.

Elizabeth levantou-se supermotivada e disse:

– Precisamos nos educar e educar nossos filhos a criticar o estereótipo de beleza. Devemos aprender o caminho da individualidade. O individualismo é uma doença, mas a individualidade, que representa nossa identidade física e psíquica, deve ser preservada, pois é uma fonte de saúde psíquica. Nossa beleza pode ser desprezível pelo sistema, principalmente quando envelhecemos, mas devemos sempre nos sentir belas, pois a vida é encantadora desde a aurora da vida fetal até o último suspiro existencial. Lutem em cada departamento, em cada escritório, em cada escola, em cada religião contra quem controla seu prazer de viver e de ser.

E, finalizando, proclamou em voz alta:

– Somos seres humanos, somos belíssimos. Você é única e bela! Seus filhos são únicos e belos!

As mulheres proclamaram a uma só voz:

– Abaixo a ditadura da beleza!

E, como poetas da vida, elas se abraçaram e se beijaram e diziam umas para as outras: "Você é linda!", "Você é maravilhosa!".

Kiomi saiu do caos da sua dor e começou abraçar as mulheres ao seu redor. Mulheres árabes e judias olhavam-se nos olhos e se abraçavam afetivamente. Eram mais do que árabes e judias, eram seres humanos falando a mesma linguagem, a linguagem da sensibilidade e do amor pela vida.

Capítulo 14

Após o término do primeiro congresso, as mulheres fizeram uma grande passeata em Los Angeles. O movimento causou tanto impacto que foi a estrela do noticiário nos horários nobres da TV de todo o mundo. Como elas queriam resultados práticos, pediram no dia seguinte uma audiência com alguns executivos da indústria do cinema.

Por causa da repercussão do congresso na mídia, dez executivos de diversas produtoras de cinema abriram espaço na agenda e fizeram uma pequena reunião para recebê-las. Estava presente toda a equipe do comitê, além de Falcão e Marco Polo.

Elas fizeram uma exposição sobre o padrão tirânico de beleza e seus efeitos no inconsciente coletivo, comentaram sobre a anorexia nervosa, bulimia e outros transtornos alimentares. Entretanto, quando levantaram a hipótese de que o cinema poderia estar contribuindo para a propagação dessas mazelas psíquicas, um dos executivos rebateu com agressividade.

– Isso é tolice. O cinema é arte e entretenimento! Ele não é capaz de afetar o psiquismo de ninguém.

O clima ficou tenso. Elizabeth tomou a frente e repetiu a informação dada no congresso de que mais de 70% das mulheres concordam que o cinema de Hollywood as discrimina ao colocar sistematicamente em cena atrizes que fogem dos padrões comuns de beleza. O executivo engoliu em seco esse dado. Perturbado, novamente discordou:

– Eu não confio nesses dados. Muitos dos nossos maiores astros não são bonitos – disse em tom de deboche, tentando desconversar o óbvio.

As mulheres não falavam da imagem de alguns atores e atrizes consagrados. Referiam-se à grande maioria dos papéis de aventura e romance que eram dados quase que exclusivamente a atores e atrizes que vendiam um estereótipo opressivo de beleza. As mulheres do comitê gostariam que o padrão de beleza fosse o mais mesclado e homogêneo possível. Gostariam também que os idosos estivessem no foco do cinema, pois o culto ao vigor de jovens atores e atrizes era uma afronta ao romantismo da velhice. Com a maior espontaneidade, a francesa Brígida perguntou:

– Por que casais de gordinhos e de pessoas fora do padrão de beleza não protagonizam cenas de amor no cinema?

– Porque isso seria um suicídio de bilheteria – respondeu rápida e sarcasticamente um importante produtor.

Todos os executivos deram risadas. No fundo, estavam rindo dos espectadores que os sustentavam. E David, o mais poderoso dos executivos presentes, completou a ideia de seu colega com uma honestidade intragável:

– Não fazemos cinema para educar a emoção das pessoas, mas para propiciar-lhes prazer. Vendemos a beleza incomum, para que os mortais comuns se sintam seduzidos por ela. As pessoas só querem consumir aquilo que não têm ou o que não são.

As mulheres ficaram abaladas com a convicção dele. Ele descrevera a síndrome PIB. Os produtores de cinema estavam conscientes do que faziam, apoiavam a ditadura da beleza, embora não tivessem plena consciência do estrago no inconsciente.

Tentando diminuir o clima constrangedor, outro executivo disse:

– Vocês viram *Shrek*? São dois gordinhos se amando.

Elizabeth meneou a cabeça e disse:

– *Shrek*!? *Shrek* é um desenho animado, senhor! Não é um retrato da realidade.

Mitiko acrescentou:

– No filme *Shrek* não há dois seres humanos se amando, mas uma mulher amando um ogro. Apesar de belíssimo, é um filme de comédia.

– Quer dizer que dois jovens que não têm o padrão ditatorial de beleza só podem viver um romance se estiverem num ambiente fora da realidade? – perguntou Lisa contundentemente, desmontando os executivos. A secretária do movimento parecia não se dobrar a nada.

Falcão e Marco Polo se deliciavam com a capacidade de luta das mulheres. Elas demonstravam ser imbatíveis.

Rúbia Rumanovi respirou fundo e colocou uma bomba nas mãos deles:

– Ao excluir a beleza comum dos americanos nos papéis relevantes do cinema, vocês estão discriminando os próprios jovens que sustentam suas bilheterias. Milhões deles estão acima do peso. Eles são belos, inteligentes, mas não para brilhar no cinema. Eles podem e devem brilhar tanto nas telas como na vida. Espero que a Rússia, meu país, não copie essa indústria da discriminação.

O clima, que estava tenso, ficou turbulento. Entretanto, três executivos se mostraram sensíveis ao movimento e concordaram com as mulheres. Eles tinham filhos adolescentes que apresentavam transtornos de autoimagem, acompanhados de autorrejeição e baixa autoestima. Um deles, cuja filha de 14 anos era tímida, insegura, socialmente apática e que rejeitava seus cabelos, seus olhos, seu queixo e sua boca, teve a ousadia de dizer:

– Precisamos pensar nas consequências do estereótipo de beleza.

Ao ouvir essas palavras, David tentou encerrar a questão. Considerava o assunto um tabu, uma tese perigosa para a imagem de Hollywood. Era melhor congelar o tema do que discuti-lo. Por isso, imediatamente reagiu:

– Vamos parar com essa discussão estúpida. Esse assunto é entediante e não leva a nada! – E levantou-se para sair. O ambiente ficou tão conturbado que todos resolveram ir embora.

As mulheres do comitê não estavam tentando impor suas ideias, mas expô-las. Elas tinham grande apreço pelo cinema, mas queriam mudar alguns preconceitos. Estavam discutindo o assunto apenas pela saúde do ser humano. Marco Polo não suportou a arrogância de alguns executivos nem o encerramento súbito da reunião. Por isso, antes que eles se retirassem, confrontou-os com os dados que apresentou no congresso:

– Cerca de 93% das mulheres disseram que a mídia é capaz de produzir uma busca doentia por um padrão de beleza. Esse clamor não os inquieta? Vocês filmam ditaduras, mostram o sangue e a dor de pessoas subjugadas, mas não percebem que uma insidiosa ditadura socialmente aceita tem subjugado inúmeras pessoas em todas as sociedades modernas? O que vocês pensam do fato de 600 milhões de mulheres que procuram ansiosamente um padrão inatingível de beleza se declararem vítimas de uma das mais nefastas masmorras psíquicas? Estatisticamente é a maior violação dos direitos humanos da história. Esse imenso público feminino é o que frequenta as salas de cinema no mundo.

Os executivos ficaram pensativos, alguns franziram a testa inquietos, outros voltaram a se sentar. O cinema faturava bilhões de dólares, mas não estava interessado em pesquisar os efeitos das suas imagens no inconsciente dos espectadores. Sempre se preocupou com bilheterias e pouco com ideias. David mostrou uma evidente impaciência. Percebendo sua ansiedade, Falcão levantou-se e falou sobre um princípio filosófico que mudou a sua vida:

– Os senhores conhecem o princípio da corresponsabilidade inevitável?

– Não! – responderam, confusos.

Marco Polo sabia aonde o amigo queria chegar. Passou a mão nos cabelos, esperando a bomba.

– Esse princípio afirma que todos somos responsáveis pela humanidade. Nenhum ato é inocente e sem consequências. Toda ação tem repercussões incontroláveis na sociedade atual e nas próximas gerações.

– Não estamos entendendo, senhor... Qual é o seu nome?

– Eu me chamo Falcão.

Querendo terminar a reunião, David falou, zombando:

– Seja rápido, senhor pássaro! Desculpe-me, senhor Falcão.

Saindo do clima apreensivo, alguns executivos colocaram as mãos na boca para conter o riso. David gostou e, por isso mesmo, antes que Falcão continuasse, tentou desvalorizá-lo ainda mais perguntando qual era a profissão dele. Pela aparência de Falcão, supunha que nunca tivesse frequentado uma universidade.

– Sou um pequeno aluno da escola da vida, senhor. Sou Ph.D. em filosofia.

Eles ficaram surpresos, estavam diante de um intelectual.

Falcão fitou furtivamente os olhos de David e deu-lhe um exemplo desse princípio, o mesmo que um dia Marco Polo usara para encorajá-lo a sair das ruas como mendigo e o motivou a retornar à universidade e a brilhar novamente nas salas de aula.

– Hitler queria ser artista plástico e procurou a Escola de Belas-Artes de Berlim, mas foi rejeitado. Se o professor dessa escola o tivesse acolhido, talvez o mundo tivesse tido mais um pintor medíocre, mas talvez não tivesse sofrido com as ações de um dos maiores psicopatas da história. Vocês fariam menos filmes sobre guerras, pois provavelmente não teria acontecido a Segunda Guerra Mundial. Uma pequena atitude produziu consequências inimagináveis.

Falcão fez uma pausa, elevou suavemente o tom de voz e se dirigiu a David:

– Um gesto, senhor David, inclusive de deboche, repercute por séculos. O cinema entretém, gera prazer, mas suas imagens não são inofensivas. Uma imagem, ao ser registrada no inconsciente, pode influenciar uma vida, um grupo, uma sociedade. O que indica que vocês também são corresponsáveis por traçar os caminhos da humanidade.

E, estendendo as mãos a David, disse "Durma bem", pois sabia que o executivo poderia ter insônia. E saiu com as mulheres. Os outros executivos ficaram mudos, estarrecidos com a perspicácia dele. Na saída, as mulheres disseram a Falcão:

– Você arrasou.

Modesto, ele disse:

– São homens inteligentes, mas os limites da inteligência se estendem aos limites dos interesses. Quando os interesses se sobrepõem à sabedoria, a inteligência fica bloqueada.

Ao sair, Falcão e Marco Polo viram algumas belíssimas árvores no meio de uma grande praça. Pediram licença e foram até lá. Curiosas, as mulheres os acompanharam. Ao se aproximarem, os dois pensadores contemplaram as árvores. Elas ficaram impressionadas com o silêncio deles. Pareciam fazer uma oração. Em seguida, quebrando qualquer expectativa, eles abraçaram e beijaram as árvores afetuosamente.

As mulheres ficaram boquiabertas. Nunca tinham visto tais reações, ainda mais partindo de dois intelectuais. Então, Falcão lhes disse:

– Venham, não tenham medo, toquem as árvores, sintam-nas com seu abraço.

Marco Polo falou como um engenheiro de ideias:

– Essas árvores suportaram tempestades intensas e invernos drásticos. Para sobreviver, se protegeram, construíram pouco a pouco uma grossa crosta. E vocês? Têm procurado se proteger?

– Eu estou fascinado com a coragem de vocês – afirmou Falcão. E, inspirando-se nas palavras de Marco Polo, completou: – O movimento poderá atravessar tempestades imprevisíveis e perdas inimagináveis. Só enfrentando-as com dignidade será possível adquirir uma sólida defesa.

As dirigentes do comitê se entreolharam. Disseram para si mesmas: "Que homens são esses que extraem poesias e experiências em tudo que encontram?" Resolveram, então, pela primeira vez, abraçar as árvores e sentir a força da sobrevivência no caos da existência. As pessoas paravam para ver o bando de loucos deslumbrados pela vida. Afinal de contas, uma revolução precisa de poetas.

∼

No mês seguinte, as conselheiras foram convidadas para ir ao desfile de Ives Latorra. O estilista trabalhara arduamente procurando adaptar a nova coleção para modelos com corpos reais. Latorra procurou esconder a mudança de paradigmas da mídia. Queria o impacto da surpresa. Acreditava que esse desfile seria um acontecimento épico no mundo da moda. Sonhava com as novas modelos, imaginava-as sendo aplaudidas, tratadas com dignidade. Pensava que seria um novo tempo para a mulher, um tempo de solidariedade e gentileza, e não de exploração sexual.

Na primeira fileira do concorrido desfile estavam atrizes, atores, políticos, grandes empresários e as mulheres do comitê. Nas demais fileiras, a elite social de vários países. Quatorze modelos desfilariam: sete top models dentro dos padrões, magérrimas e com quadris finíssimos que não ultrapassavam os 90cm; e sete tipos normais, com culote, pernas grossas e quadris largos, que poderiam ser consideradas fora do padrão de beleza, mas que tinham sua beleza particular.

O estilista pediu que cabeleireiros, costureiros e maquiadores tratassem suas modelos como rainhas. Elas estavam eufóricas, não acreditavam que estavam em Paris, no centro da moda, desfilando de igual para igual com modelos hiperfamosas.

As top models sabiam do comitê e das intenções de Latorra. Três delas estavam enciumadas, mal-humoradas, achando aquilo um circo, mas as outras mostravam-se solidárias, indo aos camarins onde as "novas" modelos estavam se arrumando e fazendo calorosos elogios. Para deixá-las seguras, diziam-lhes:

– Vocês estão lindas!

Ao ouvir essas palavras por parte das supermodelos, Ives Latorra sorriu e pensou que o desfile realmente seria um grande sucesso. Fez um brinde à solidariedade feminina. Chegou até a imaginar que essa mudança de paradigma não apenas traria ganhos humanitários, mas ganhos financeiros, pois a moda deixaria de ser feita para as magras. Como algozes da autoestima, muitos estilistas se recusavam a fazer roupas com numeração maiores.

Elizabeth e suas amigas estavam excitadíssimas, afinal de contas era a primeira grande mudança produzida pelo movimento. Marco Polo e Falcão não estavam presentes.

Chegou o grande momento. Duas top models abriram o desfile. Uma tinha 1,79 metro e pesava 52 quilos e a outra 1,68 metro e pesava 47 quilos. Com seus corpos esguios, entraram na passarela com graça, gingado e roupas que encantaram. O público reagiu com entusiasmo, as aplaudiu do começo ao fim. Chegou a vez de Eloise, que tinha 1,67 metro e pesava 74 quilos. O estilista, com o coração batendo forte e a respiração ofegante como se fosse a sua primeira coleção, incentivou-a:

– Vá e brilhe, Eloise! Você está fenomenal! – disse afetivamente. E realmente ela estava linda, sensual. Qualquer imperador romano se dobraria aos seus pés.

Eloise entrou ao som de uma música arrebatadora, triunfal. Como rainha, andou com maestria os primeiros passos, mas, assim que pisou na passarela, o choque foi trágico. A plateia ficou paralisada. Nenhum aplauso, nenhuma palavra. Não acreditavam na imagem que enchia seus olhos. Abaladas, as mulheres do comitê a aplaudiram. Entretanto, estavam sós, ninguém as acompanhou.

De repente, o ambiente, que estava ruim, ficou terrível. As socialites saíram da paralisia e deram gargalhadas, abafando as palmas das dez mulheres. Ferida e discriminada, Eloise começou a chorar e a tropeçar nos próprios pés. Em seguida, mais um golpe insuportável: começaram a vaiá-la. A ditadura da beleza nocauteou sem piedade a modelo no primeiro round. Foi um escândalo. Era como se Eloise estivesse no Coliseu completamente indefesa, enfrentando as feras do preconceito.

Latorra começou a tremer, frustrado. As conselheiras do comitê não sabiam o que fazer. A segunda modelo fora dos padrões, Hillary, ao ver o deserto que Eloise tinha atravessado, começou a ter calafrios e ficar insegura.

Elizabeth e suas amigas do comitê queriam desistir, tirá-las da passarela. Levantaram-se tentando em vão vencer a multidão para entrar nos camarins. Instruídas por Marco Polo e Falcão, sabiam que a rejeição era uma das mais devastadoras experiências psíquicas. Não desejavam que essas jovens fossem objeto de escárnio e formassem janelas killer que as controlassem. Entretanto, Hillary já tinha entrado na passarela.

Estava tão ansiosa que seu cérebro não conseguia enviar mensagens harmoniosas à sua musculatura. Sem coordenação motora, começou a errar os passos diante do público. A zombaria aumentou. Algumas lágrimas escorreram dos olhos de Hillary, mas ninguém percebeu. Estavam focados apenas em seus passos errados, em seus quadris cheio de curvas, em seu rosto sem glamour.

Os fotógrafos não paravam de clicá-la, querendo registrar o escândalo. O respeito se dissipou, a gentileza se diluiu, sobrou ironia. Gritando, algumas pessoas diziam: "Vamos parar com esse circo!", "Que brincadeira é essa?".

As dirigentes tentavam se aproximar dos camarins, com os olhos marejados. Passaram por uma grande e inesperada tempestade. Não tinham como se abrigar. Estavam perplexas pelo desrespeito com que as jovens foram recebidas. Eram seres humanos, tinham uma belíssima personalidade, mas foram tratadas como animais avaliados pelo invólucro. Tal atitude era a ponta do iceberg de uma sociedade injusta com as mulheres que desfilavam nas passarelas da vida.

Chegando aos camarins, as mulheres do comitê encontraram o estilista arrasado:

– Estou arruinado. Terei grandes dívidas com o fracasso desse evento. Mas o que mais me pesa é o fracasso profissional. Pensei a vida toda que o mundo da moda era uma coroa de flores para a mulher, mas na realidade é uma coroa de espinhos. Nossa sociedade está doente – falou Ives, completamente angustiado.

Em seguida, as dirigentes do comitê reuniram as modelos, abraçaram Eloise e Hillary e pediram-lhes desculpas. Olharam para as demais modelos e disseram:

– Não desfilem. Poupem-se. Não passem por esse vexame.

Mary, uma das modelos que estava acima do peso, olhou para suas colegas e falou como uma mártir numa guerra:

– Nenhuma grande mudança na história ocorreu sem sacrifício. Eu desfilarei. Lutarei por essa causa.

Algumas top models estavam presentes nessa reunião emergencial e viram Mary entrar na passarela com a cabeça erguida. Havia mais de 500 pessoas presentes. O tumulto aumentou quando viram a jovem de 29 anos desfilar. Uns começaram a ir embora, outros gritavam "Muda!", "Vá embora!", "Abaixo a feiura!", e ainda outros se divertiam como se estivessem numa arena.

Mary parou no meio da passarela e começou a olhar o público atentamente. Enquanto olhava, derramava lágrimas. De repente, algo sublime aconteceu. O tumulto foi cessando e Mary voltou a desfilar. As pessoas começaram a se sentar e a observá-la como se estivesse desfilando em câmera lenta. Cada lágrima que saía dos seus olhos cintilava como um diamante que extravasava da sua alma.

Homens e mulheres tiveram um insight, mergulharam nas vielas do seu ser, caíram em si e perceberam que estavam sendo carrascos da mulher. As supermodelos eram uma exceção genética, representavam algumas centenas de mulheres, mas Mary e as demais modelos fora dos padrões representavam centenas de milhões de mulheres de todas as sociedades. A loucura da ditadura da beleza transformou a exceção na regra, gerando um delírio coletivo em busca de um objetivo inalcançável.

As mulheres que assistiam ao desfile descobriram que estavam muito mais próximas das modelos que tinham vaiado do que das magérrimas que aplaudiram. Perceberam, enfim, que vaiavam a si mesmas. Libertaram-se da escravidão do padrão inatingível de beleza, abriram o leque das janelas light e foram capazes de descobrir em Mary uma beleza esplêndida. Em seguida, levantaram-se e a aplaudiram de pé. Motivadas pela coragem de Mary, as outras modelos que foram vaiadas retornaram à passarela e também foram aplaudidas calorosamente.

O desfile, que aparentemente seria catastrófico, tornou-se um bálsamo para a inteligência da mulher, um ataque frontal à tirania dos desfiles. No final, as top models e as modelos comuns entraram abraçadas na passarela.

E outro gesto de rara beleza ocorreu: as supermodelos pararam no meio do público e começaram a aplaudir as modelos que se arriscaram nas passarelas. O público, com grande entusiasmo, levantou-se novamente e as aplaudiu. Os aplausos eram simbolicamente dirigidos a todas as mulheres do mundo, motivando-as a jamais terem vergonha do seu corpo. Foi um espetáculo inesquecível, nobre, elevado, ilustre, notável, ímpar, extraordinário.

Capítulo 15

O desfile de Ives Latorra ganhou destaque na imprensa mundial. O movimento contra a ditadura da beleza ganhou estatura. Animadas com a reação do público, as intrépidas dirigentes do comitê se reuniram para definir estratégias. Os últimos acontecimentos reforçaram sua consciência sobre a muralha do preconceito. Avaliaram que, se desejassem obter resultados mais amplos, precisavam dar voos mais altos, ser mais ousadas.

Christine e Helen propuseram algo que provocou arrepios nas amigas. Elas disseram:

– Jovens como Eloise, Hillary e Mary correram riscos na passarela. Fizeram sacrifícios em nome do movimento, enquanto nós fomos simplesmente espectadoras. Que tal sairmos do discurso?

– Como assim? – disse Elizabeth, surpresa.

– Se a ditadura da beleza é um câncer social tão grave, que tal fazermos uma cirurgia nesse tumor? Que tal colocarmos na capa de nossas revistas uma mulher fora do padrão?

As dirigentes do comitê suspiraram e se calaram por um momento.

– O risco é grande! – ponderou Mitiko, que havia perdido o emprego.

– Ninguém é digno do pódio se não correr riscos para conquistá-lo – comentou com ousadia Lúcia, a gerente editorial brasileira.

– Se recebemos mais de 2 milhões de mensagens com a carta aberta, talvez tenhamos uma reação positiva muito maior quando as mulheres perceberem que democratizamos as imagens das capas – observou Rúbia.

Houve um debate entre elas. Sob um clima de apreensão e euforia, colocaram em votação a proposta. Decidiram, por unanimidade, aceitá-la. No mar de dúvidas em que se encontravam, uma coisa as animou: se a carta aberta resultara num crescimento de 20% nas vendas das revistas no mês em que foi publicada, uma capa incomum que estivesse em sintonia com a carta poderia repetir o êxito extraordinário das vendas.

Tal êxito não afugentaria os anunciantes, não comprometeria seus empregos e, consequentemente, o monstro do preconceito seria frontalmente ferido. Valia a pena correr os riscos, pensaram as revolucionárias.

– Não estamos prejudicando ninguém com essa atitude, apenas bebendo do cálice da ética – disse Chen com segurança.

Combinaram que em alguns meses todas elas se preparariam para publicar simultaneamente a capa. Algumas, como Elizabeth, tinham um chefe autoritário que jamais aceitaria essa ousadia. Portanto, deveriam usar táticas para conseguirem uma publicação simultânea. Como ninguém segura uma mulher quando ela liberta a sua criatividade, depois de três tentativas elas realizaram a façanha.

Elizabeth atuou nos bastidores e conseguiu com um patrocinador 15 dias de férias gratuitas nas Bahamas para Robert. O predador foi passear e a borboleta bailou suavemente ao som da orquestra do vento. Dessa forma, Elizabeth pôde escolher livremente a capa. Cada gerente editorial decidiria a imagem que mais pudesse contribuir com o movimento.

Elizabeth escolheu a modelo Nicole, uma das incentivadoras de Sarah no começo da sua carreira. Nicole tinha sido uma das mais requisitadas modelos internacionais, mas caíra no ostracismo nos últimos quatro anos. Tinha muitos amigos, inúmeros fãs e bajuladores quando estava no auge da carreira, mas as raízes que tinha com seus admiradores eram tão superficiais quanto a espessura de uma fotografia, não resistiu às intempéries existenciais. Os que outrora a colocavam no trono nem sequer sabiam se ainda estava viva quando engordou. Ela caiu no esquecimento.

Mesmo quando estava no auge da carreira, Nicole vivia angustiada, não suportava as pressões dos desfiles, as inúmeras viagens, a cobrança excessiva dos patrocinadores e o ritual dos regimes. O que era mais estranho é que, apesar de ser belíssima, se achava feia. Olhar-se no espelho gerava uma emoção flutuante como o pêndulo de um relógio: num momento estava animada, no outro deprimida. Queria ter outros lábios e outra boca. Na realidade, precisava de uma boca psíquica, capaz de fazer elogios à vida.

Tinha uma relação conflitante com os alimentos, alternada entre o ódio e o prazer. O fato é que, a partir dos 21 anos, não conseguira mais controlar o apetite e engordara 15 quilos. Bilhões de células do seu corpo entraram em júbilo, pois enfim foram nutridas com dignidade. Em contrapartida, Nicole morreu para a indústria do marketing e para o mundo da moda. O monstro que ela ajudara a construir (o estereótipo da beleza) foi o mesmo que a destruiu. Sua autoimagem, que já não era boa, tornou-se péssima. Considerada uma das mulheres mais lindas do mundo, ela se isolou e assassinou seu encanto pela vida.

No isolamento, a paranoia pelas dietas aumentou. Fez diversas cirurgias plásticas, inclusive tirou uma costela de cada lado para que sua barriga parecesse cavada. Mas, em vez de reeducar sua alimentação e aprender a curtir a vida, procurava soluções mágicas para se sentir bela. É claro, engordou novamente.

Depois de experimentar as cirurgias, ela optou por técnicas estéticas menos invasivas. Entrou de cabeça nas bioplastias que usam um gel sintético, o polimetilmetacrilato (PMMA), e que geram uma moldagem definitiva. Queria uma boca carnuda, um nariz reto, um queixo mais amplo e fez diversos preenchimentos. Ela também queria ter um glúteo proeminente, pois o achava excessivamente chato. Enquanto o médico injetava e moldava o PMMA sob a pele e, em alguns casos, sob o músculo, ela dava palpites sobre como gostaria que ficasse aquela área do corpo. Sua baixa autoestima gerava um desejo irrefreável de fazer o procedimento sem ponderar os possíveis riscos. Usou a bioplastia para preencher tudo o que detestava, mas esqueceu de preencher sua mente.

A jovem que se destacara nas telas de TV e nas capas das revistas viveu a mais cruel das solidões. Nicole tinha vergonha de si mesma. Tinha crises depressivas com frequência, acompanhada de falta de ar, dores de cabeça, tonturas. Desenvolveu um quadro de hipocondria. Tomava nove compridos por dia, incluindo antidepressivos e tranquilizantes. Ela não permitia que os psiquiatras e psicólogos "penetrassem" em seu mundo e a ajudassem a reescrever sua história.

As suas crises aumentaram e o isolamento aprofundou-se. Deixou de sair, não encontrava os amigos, e as poucas pessoas que a visitavam eram recebidas no quarto à meia-luz. Não queria expor seu corpo. Comportava-se como os leprosos na época de Cristo, que habitavam calabouços escuros para esconder suas deformações. Elizabeth e Sarah eram algumas das raras amigas que mantinham laços com ela. Desde que começaram a militar contra a ditadura da beleza, elas discorreram sobre o movimento para ela. As notícias dessa luta refrigeravam-lhe a emoção.

Cada vez mais animada com as visitas, Nicole pouco a pouco passou a recebê-las na sala com uma luz mais clara. Certo dia, ela acendeu todas as luzes do quarto. Elizabeth e Sarah puderam ver manchas nos locais de implante, alguns nódulos e retrações em certas regiões da face. Ela ainda era linda, embora se achasse a mais horrível das mulheres. Quando Elizabeth explicou as intenções do comitê e a convidou para ser capa da *Mulher Moderna*, Nicole ficou perturbada e incontrolavelmente amedrontada.

A reação inicial foi de pranto. Nicole tinha sido capa três vezes da *Mulher Moderna* quando estava magríssima, esquálida, no auge da fama. Agora, seria modelo para representar o grande público feminino, com sua beleza fora do padrão. A própria Elizabeth pediu que ela refletisse sobre o assunto e que consultasse seu psiquiatra antes de tomar uma decisão.

Nicole agradeceu o convite, mas adiantou que dificilmente aceitaria. Tinha medo de mostrar sua face, revelar seu corpo, desnudar seu ser. Sentia-se acovardada. A partir daí, teve noites de insônia. Em seus pesadelos assustadores, imagens fantasmagóricas saíam do espelho aspirando seu corpo. Via crianças e adolescentes que olhavam para o espelho e, ao invés de enxergarem sua face, enxergavam imagens grotescas. Acordava ofegante. Nesse momento começou a entender que havia um fantasma no cerne da sua mente que queria aprisioná-la. Precisava enfrentá-lo, era uma questão de sobrevivência.

Ao analisar novamente a oferta de Elizabeth, refletiu que talvez fosse a oportunidade de que precisava para enfrentar o monstro que a dilacerava. Se quisesse ser saudável e feliz, precisava dar a cara ao mundo, enfrentar a si mesma e debelar a atroz solidão que a encarcerava. Uma semana depois, ligou para Elizabeth e aceitou o convite.

Todas as demais gerentes editoriais conseguiram modelos que tinham histórias parecidas com a de Nicole. Mas resolveram não divulgá-las, queriam que a imagem falasse mais do que as palavras, que admirassem a capa sem fazer apelo emocional.

Chegou o grande dia. As revistas saíram uma após a outra. Sob intenso entusiasmo, as dirigentes do comitê se telefonavam e se comunicavam via e-mail. Elas exaltavam mutuamente a graça e o charme das capas. Algumas profetizavam que as vendas do mês iriam explodir. Sentiram uma euforia incontida, que gerava taquicardia e um excitante calafrio.

Então vieram os resultados. Foi um desastre. Em todos os países as vendas despencaram. Na Alemanha as vendas caíram 21%; no Canadá, 23%; na Inglaterra, 24%; na Rússia, 27%; na França, 29%; nos EUA, 30%; no Brasil, 32%. Foi uma catástrofe comercial para as revistas e uma calamidade emocional para as dirigentes.

À medida que os dias passavam, os números da *Mulher Moderna* se tornaram um pesadelo cada vez mais assustador. Mas o pior ainda estava por vir. Nas semanas seguintes, o departamento comercial foi informado de que os grandes patrocinadores estavam cancelando os contratos de publicidade. A debandada dos anunciantes foi tão grande na revista que o faturamento caiu incríveis 40%.

A indústria de aparelhos eletrônicos, produtos de higiene e beleza, filtros solares, computadores, carros – ninguém queria associar sua imagem a veículos de comunicação que desprezassem a beleza consagrada. Todos esses anunciantes sabiam do movimento do comitê. Alguns até eram simpatizantes da causa, desde que ela não colocasse em risco as vendas dos seus produtos.

Embora as gerentes editoriais fossem jornalistas, artesãs das palavras e das ideias, não imaginavam o tamanho do poder do mercado publicitário. O departamento comercial era bem separado do departamento de jornalismo, aliás até os salários eram distintos. Os que trabalhavam no departamento comercial possuíam carrões de luxo, mansões e casas de veraneio, enquanto os "humildes" jornalistas lutavam para sobreviver, tinham carros simples, residências sem requintes e financiadas.

Não bastassem todas essas péssimas notícias, não ocorreu o envio maciço de mensagens para as redações das revistas apoiando a corajosa atitude. Receberam menos de 5% das mensagens enviadas na época da publicação da carta aberta.

Quando Robert chegou de viagem, o dramático cenário ainda estava se desenhando. Elizabeth foi chamada apressadamente pela secretária ao seu escritório. Não precisou perguntar como estava o humor do executivo; a aflição e os tremores da secretária denunciavam o clima de terror.

Ao entrar, Robert nem pediu para que ela se sentasse.

– Você é maluca? – disse, gritando.

– Não grite comigo! Por favor, deixe-me explicar – falou Elizabeth, tentando manter a calma.

– Não quero explicação. Você é a pessoa mais inconsequente que existe no jornalismo.

– Eu escolhi Nicole porque... – tentou falar Elizabeth, mas Robert a interrompeu.

– Para me provocar! Nicole está morta! – E sentenciou aos gritos: – Você é louca! Pode se retirar.

Robert não a despediu imediatamente. Desde o dia em que ela rejeitara seu assédio, ele sentia uma dose de raiva por ela. Agora queria expurgá-la da sua frente. Esperou 15 dias para ver os resultados. A cada dia aumentava seu furor.

Então chamou Elizabeth e mais dez jornalistas ao seu escritório. Tentando crucificá-la, comentou, sem meias-palavras:

– Elizabeth usou esta revista para construir uma imagem de heroína para si mesma. Ela traiu vocês e todos os funcionários. Não pensou nos filhos nem no futuro de vocês. Ela causou o pior ato terrorista contra uma revista neste país. Por culpa dela, o faturamento despencou. Por culpa dela, todas vocês estão despedidas.

Os olhos de Elizabeth se encheram de lágrimas. Suas colegas, que antes apoiavam em prosa e verso o movimento, começaram a ofendê-la e a humilhá-la. Todas estavam transtornadas, o clima era irracional. Uma lhe disse:

– Você é desleal. Não tem alma!

Outra falou rispidamente:

– Você nos colocou numa armadilha! Sua insensível.

Fora de si, Robert cuspiu no chão perto dela e gritou.

– Irresponsável! Traidora!

Robert só faltou apedrejá-la fisicamente, pois emocionalmente já a tinha mutilado. Elizabeth lembrou-se do horror que a mulher adúltera sofreu diante dos fariseus. O Mestre dos Mestres teve sabedoria para abrir a inteligência dos radicais que a julgavam, mas Elizabeth não tinha ninguém para defendê-la. Sua inteligência estava bloqueada, sua capacidade de reagir, embotada. A mulher que mais lutara nos últimos tempos para cuidar da qualidade de vida das mulheres tinha sido ferida por sua coragem. Passou desprotegida seu mais intenso inverno existencial.

Após sair das dependências do edifício, três jornalistas que foram despedidas e que se calaram quando Robert a atacava a abraçaram. Estavam sem forças, mas deram o calor do seu abraço nesse momento causticante.

Não apenas Elizabeth teve problemas. Todas as líderes do comitê foram sumariamente despedidas. Foram criticadas e se tornaram objeto de vexames e escândalos. Não bastasse isso, a imprensa mundial começou a noticiar a derrota do comitê e o destino das dirigentes. A perda de emprego delas e de várias outras jornalistas, a debandada de anunciantes, a queda do número de exemplares vendidos e a não adesão das mulheres à causa foram estampadas com destaque em toda a mídia. O movimento foi desacreditado; o sonho, destruído.

Nas semanas seguintes o quadro se agravou. Alguns executivos, como Robert, para justificar as demissões de funcionários, começaram a levantar calúnias na imprensa. Executivos das indústrias de serviços e produtos, para não manchar suas imagens e justificar a ruptura de contratos publicitários com as revistas, também tentaram difamá-las. Disseram que as líderes do comitê procuravam autopromoção, tinham intenções escusas, autoritárias, eram camicases do jornalismo, abutres da inocência das mulheres.

Alguns empresários soltaram notas, sem identificar a fonte, dizendo que elas lhes pediram dinheiro para não denunciá-los nas suas revistas por usarem modelos magérrimas para divulgar produtos. Chegou-se a noticiar que elas praticavam orgias sexuais.

Antes as dirigentes davam entrevistas defendendo a causa das mulheres, agora elas o faziam defendendo a si mesmas. De um mês para o outro, caíram do céu para o inferno emocional. Viveram dias infelizes. Nenhuma delas estava preparada para enfrentar essa imprevisível tragédia. Estavam difamadas e desempregadas. Ninguém arriscaria dar-lhes emprego.

Lisa ficou deprimida com todos esses acontecimentos. Desanimada, afastou-se do movimento. Foi trilhar o próprio caminho, cuidar da sua sobrevivência. Elizabeth estava sem energia para continuar o combate. Confusa, convocou uma reunião emergencial em Nova York. As conselheiras, embora com medo do futuro, gastaram suas economias para, talvez, terem o último encontro. Estavam pensando em dissolver o comitê. O sonho não morrera, pior que isso, convertera-se em pesadelo. Pediram a presença de Marco Polo e Falcão para ajudá-las a entender por que tudo dera errado.

O brilho das revolucionárias desapareceu. No encontro, cada uma comentou o episódio trágico que viveu. Marco Polo e Falcão as ouviam atentamente. Elizabeth, desanimada, disse:

– Primeiro, acabaram com o futuro da minha filha, agora acabaram com o meu. As humilhações, ofensas e calúnias que sofremos foram intensas e imprevisíveis. Um general deve reconhecer quando está perdendo a guerra e deve propor condições de rendição para que seus liderados não sejam esmagados.

Quando Elizabeth ia propor a dissolução do comitê, a revolucionária chinesa, Chen, colocou-se de pé e disse, com seu sotaque carregado:

– Elizabeth, você me encorajou a batalhar por esta causa. Perdemos uma grande batalha, mas não a guerra. Uma guerra é constituída de muitas batalhas. Por amor às mulheres de todo o mundo, não podemos desistir.

Em seguida, Chen fez um gravíssimo comentário:

– Estou preocupadíssima com a China. O câncer da ditadura da beleza está atingindo frontalmente meu povo. Sempre valorizamos nosso passado e nossas características físicas, mas o inacreditável está ocorrendo. As mulheres chinesas estão rejeitando seus traços, querem ter a silhueta das atrizes de Hollywood e das modelos ocidentais. Elas querem ser "Barbies".

A ansiedade de Chen tinha inquestionáveis fundamentos. Na pesquisa realizada por Marco Polo, 44% das mulheres, portanto mais de um bilhão delas, achavam que bonecas como Barbie e Susie geravam um padrão de beleza perfeita. A Barbie, lançada em 1959, era um exemplo vivo do *american way of life,* uma imagem cobiçada como ícone. Ainda hoje a boneca é um fenômeno. Muitos produtos licenciados trazem sua marca. Bilhões de dólares são faturados em torno da sua imagem.

Como objeto de diversão, a boneca é excelente, mas sua imagem clássica, magérrima, louríssima, esguia, com sua anatomia impecável e roupas perfeitamente combinadas, é a representação das milhares de modelos que surgem em todos os cantos da sociedade de consumo, na moda, na lingerie, na publicidade. A China, principal exportador do mundo, está importando uma imagem que afeta a natureza essencial das suas mulheres e crianças.

Chen respirou profundamente e continuou:

– É espantoso, mas as jovens chinesas estão fazendo cirurgia para mudar o contorno dos olhos, dos lábios e do nariz. A situação está indo tão longe que estão organizando em meu país o concurso de Miss Bisturi! As chinesas devem decidir se desejam ou não fazer plásticas, mas essa paranoia coletiva pela beleza ocidental estereotipada representa uma rejeição da nossa genética. Que loucura é essa? Estamos perdendo nossa identidade. Jamais ocorreu um fato desses em nossa história.

A jornalista chinesa estava inconsolável. Apesar de ter sido humilhada e sumariamente despedida da sua revista, mostrava um vigor imbatível para lutar pelo movimento. Os transtornos alimentares que tinham surgido nas ilhas Fiji após a chegada da televisão estavam aparecendo aceleradamente na China. Por isso, finalizou, dizendo:

– Em breve teremos milhões de adolescentes com anorexia nervosa. Nossas jovens terão a rica culinária chinesa à sua mesa, mas se recusarão a comer, serão servas de uma ditadura interior. A autoimagem e a autoestima não podem ser exportadas nem importadas. – E convocou-as novamente para a batalha: – Não podemos desistir! A saúde da nossa espécie está em jogo!

Todas ficaram impressionadas com as reações de Chen. Mitiko também tomou a palavra e disse:

– Lembrem-se da socióloga Kiome em nosso primeiro congresso. Sua filha rejeitou os traços orientais. Essa autorrejeição está se tornando uma epidemia no Japão. As jovens japonesas possuem silhueta belíssima, mas não a valorizam. Milhares delas detestam seus olhos, seus seios, seus glúteos, seus lábios. Elas também querem ter o corpo de uma modelo ocidental. Estão rejeitando bilhões de células que organizam nossa anatomia.

Mitiko Sakamura era budista, uma pessoa que dava muito valor à interiorização. As palavras de Marco Polo e Falcão calaram fundo em sua alma. Nesse momento, instigou saudavelmente as mulheres do comitê, que em sua maioria eram cristãs:

– Lembrem-se do homem que mais defendeu as mulheres. Esse Jesus que vocês dizem amar não calou sua voz nem quando corria o risco de morrer. Não nos inspiramos nele? Vamos nos calar? Posso passar privações e dificuldades financeiras, mas não me silenciarei. Não vou desistir desse sonho.

Brígida Fonn, Lúcia Lacerda e Sofia Donatelli eram católicas romanas, Rúbia Rumanovi era católica ortodoxa, Helen Günter era luterana, Christine Johnson pertencia à igreja anglicana, Elizabeth Whit e Lorna Roosevelt eram protestantes. As palavras de Mitiko as levaram a fazer uma profunda imersão em seus valores, fortalecendo suas crenças.

Ao terminar seu comentário, Mitiko levantou-se e abraçou Chen, emocionada. Ao ver as duas orientais com uma sólida disposição para continuar lutando, as demais dirigentes do comitê esqueceram as calúnias, os problemas que estavam atravessando, e os que viriam, e pensaram nas mulheres de todos os povos, culturas, condições sociais.

Sarah, que também estava presente, levantou-se e abraçou Mitiko e Chen, enquanto se dirigia às demais dirigentes:

– Eu tentei o suicídio por causa da ditadura da beleza. Quase morri. Além disso, fui machucada, humilhada e excluída do mundo fashion. Felizmente, não me curvei. Junto com uma amiga psicóloga, montei um site para educar jovens e adultos contra a tirania do belo. Temos ajudado muitas pessoas, mas nosso site é uma gota no oceano. O trabalho internacional do comitê é fundamental nessa luta. – E, olhando para sua mãe, disse-lhe afetuosamente: – Mamãe, eu admiro você. Não dissolva o movimento. Quem vence sem risco e sem dor triunfa sem glória.

Elizabeth lembrou-se dos frequentes conflitos que tinha com Sarah. Agora possuíam menos dinheiro, menos glamour, menos status social, mas eram mais felizes, tinham se tornado grandes amigas. Comovida e encorajada, abraçou Sarah e depois Mitiko e Chen. Em seguida, todas se abraçaram e se consolaram mutuamente. Queriam caminhar, mas não tinham solo sob os pés. Além disso, desejavam entender o que tinha acontecido. Podiam aceitar a perda de anunciantes, mas não entendiam por que as revistas não foram compradas, por que as leitoras não se identificaram.

Nesse momento, Marco Polo e Falcão entraram em cena. Recordaram os fenômenos inconscientes que constroem o padrão inatingível de beleza. E pouco a pouco demonstraram que a rejeição pelas capas e o fracasso de vendas eram reflexo da própria síndrome. Marco Polo comentou:

– O estereótipo da beleza controla sutilmente a capacidade de fazer escolhas. Quando uma mulher pega a revista cuja imagem da capa é de uma beleza comum, ocorrem três fenômenos em cascata: primeiro, a capa não a leva a um estado de admiração; segundo, não ocorre uma insatisfação consigo mesma; terceiro, consequentemente, não surge a ansiedade pelo consumo. A revista deixou de ser um objeto de interesse. Portanto, o fracasso nas vendas indica não o fracasso do movimento, e sim o sucesso. Revela que ele está no caminho certo.

Falcão também fez um comentário. Disse que as mensagens de apoio não foram enviadas maciçamente porque, ao contrário da carta aberta, a imagem da capa não provocara um alerta intelectual intenso nas leitoras. As ideias instigantes divulgadas na carta abriram janelas light que estimularam sua capacidade de pensar, levando as pessoas a reagirem imediatamente em favor do movimento.

– Vocês ainda têm o apoio das mulheres, só que desta vez ele não foi explícito. Alimentem o intelecto delas com ideias inteligentes, que elas dominarão o mundo – completou Falcão.

De repente, surgiu uma proposta que as motivaria e daria um solo para as dirigentes caminharem. Sofia propôs:

– Que tal o comitê editar uma revista internacional?

Chen e Mitiko reagiram em conjunto:

– Por que não? Estamos desempregadas mesmo!

Elizabeth, inspirada, disse:

– Ótimo! – E, inspiradas pelas ideias dos dois pensadores, expressou: – Podemos chamá-la de *Mulher Inteligente*.

A proposta foi colocada em votação e aceita imediatamente. Mais uma vez a emoção mostrou que não segue a matemática numérica: as mulheres saíram do terremoto emocional para as nuvens da animação. O tronco da árvore ganhou mais uma camada de proteção. O projeto ganhou raízes.

Querendo dar mais vigor ao movimento, Sarah convidou as dirigentes do comitê para visitar um ambulatório de anorexia nervosa e outros transtornos alimentares que ela e Anna visitavam com frequência. Aceitaram o convite. Anna esperou-as na porta do ambulatório.

Bastaram alguns minutos para que as dirigentes do comitê ficassem alarmadas com a imagem de adolescentes desnutridas, profundamente abatidas, cadavéricas. Algumas pacientes estavam tão abatidas que piscavam os olhos lentamente. Mal tinham forças para caminhar ou falar.

Após quinze minutos, saíram assombradas. Foram rapidamente para a sala central do ambulatório tentar se refazer da angústia que sentiam. Algumas das líderes estavam ofegantes, outras com vertigem e ainda outras com cefaleia. Vendo o desespero delas, e motivados pela admiração de Mitiko pelas atitudes do Mestre dos Mestres, mais uma vez Marco Polo e Falcão as encorajaram, citando seu imenso carinho pelas mulheres.

Falcão se adiantou e comentou:

– Após sair da fortaleza onde foi julgado, Jesus pegou a sua cruz e seguiu em direção ao Gólgota, onde cumpriria sua sentença. Seu rosto estava mutilado, cheio de hematomas, seu corpo ferido pelos açoites. Ele não tinha condições de se preocupar com outra coisa a não ser com sua dor.

Marco Polo completou:

– Quando o corpo está drasticamente ferido, os instintos prevalecem sobre a razão. Do ponto de vista psiquiátrico, era de se esperar que ele fosse controlado pelo medo de morrer, pela dor física e emocional e, desse modo, não raciocinasse.

Falcão entrou novamente em cena e disse:

– Mas, para a nossa surpresa, o Mestre levantou a cabeça e viu as mulheres chorando. Ao ver o desespero delas por causa dele, ele suprimiu sua dor e, esquecendo-se de si mesmo, disse-lhes: "Mulheres, não choreis por mim, mas chorai por vós mesmas e pelos vossos filhos." Vocês entendem o que ele quis dizer?

As mulheres refletiram sobre essas palavras. Sentiram que eram atualíssimas. As dirigentes do comitê estavam chorando havia meses pela saúde das mulheres do mundo e agora estavam chorando por um grupo de adolescentes doentes e desnutridas. Usando essa passagem como espelho, perceberam que o combate que estavam travando não seria vencido sem lágrimas e sem dor.

Para Falcão e Marco Polo, as mulheres também precisavam ajudar os homens a cuidar da sua qualidade de vida, pois eles viviam numa atividade sem fim, eram ótimos para trabalhar, mas péssimos para cuidar de si mesmos. Inspirado, o psiquiatra finalizou sua análise:

– O homem que mais amou as mulheres mais uma vez as protegeu. Quando todas as células do seu corpo gritavam de dor, ele pediu que elas esquecessem da dor dele e cuidassem atentamente delas e de seus filhos. O Mestre dos Mestres sabia que vocês e seus filhos sofreriam muito nas mãos dos homens e do sistema que eles criariam, que destruiria a identidade e a sensibilidade, inclusive deles mesmos.

– Que homem é esse que mesmo morrendo se preocupou conosco? O pensamento de Jesus Cristo é muito diferente dos líderes ocidentais que se dizem cristãos – disse Chen, surpresa.

Falcão fitou Chen, depois as demais mulheres e completou:

– Embora haja exceções, as mulheres amam a vida e se doam muito mais para os outros do que os homens, enquanto eles são mais egoístas, individualistas e se preocupam muito mais com seu feudo e seu bolso. Se necessário, chorem por vocês e pelos seus filhos, mas não abandonem o campo de batalha. Essa luta pertence a vocês.

Capítulo 16

O comitê se reuniu para elaborar a nova revista, mas começaram a aparecer as dificuldades. Faltava dinheiro para os investimentos, para contratar diagramadores, fotógrafos e outros funcionários, bem como para organizar o departamento comercial. Algumas poucas empresas de cosméticos, que já estavam valorizando a beleza da mulher comum, mostraram interesse em anunciar na revista, mas o dinheiro era insuficiente.

Além disso, as dirigentes moravam em diferentes países. Embora a internet possibilitasse uma comunicação instantânea, a falta de interação atrapalhava um pouco o processo. E o que era mais complicado: elas não tinham experiência com distribuidores. Começaram a entender, portanto, que uma revista demoraria mais de um ano para se sustentar.

O desânimo começou novamente a circundá-las. Mas quando pensavam que navegavam sozinhas em alto-mar e sem suprimentos, veio o resgate. Diretoras de redação de inúmeras outras revistas femininas, bem como jornalistas de várias nacionalidades, enviaram mensagens de solidariedade e apoio ao movimento. Cada carta era uma ducha de energia positiva. Todas as conselheiras receberam diversas propostas de trabalho e liberdade para expressar suas ideias. Perceberam, enfim, que não estavam sozinhas, que as mulheres formadoras de opinião estavam em sintonia com as ideias do movimento.

Diante disso, deixaram o projeto da revista *Mulher Inteligente* ser elaborado lentamente, sem solavancos. Tinham como sobreviver e, o que é melhor, tinham espaço para lutar pela causa onde fossem trabalhar. Poderiam escrever artigos que orientassem as leitoras. Começaram, assim, a ser mais intrépidas nos textos.

Na carta aberta, elas haviam pedido para as mulheres criticarem as empresas de produtos e serviços que usavam o estereótipo da beleza. Agora elas foram mais longe. Orientavam as mulheres a não comprarem os produtos das indústrias de batom, xampu, perfumes, lingerie, roupas ou joias que usassem para anunciá-los somente modelos dentro do padrão que elas queriam desconstruir.

Se uma empresa aérea só contratasse aeromoças cujas imagens são modelos padronizados de beleza, pediam que voassem por outra empresa. Se uma empresa de celular só colocasse modelos estereotipadas para vendê-los, solicitavam que boicotassem o uso desse celular. Proclamavam:

– Mudem de banco, de loja de departamentos e até dos programas de TV que vendem um padrão inatingível de beleza. Por amor às suas filhas e aos seus filhos, enviem mensagens às empresas e reclamem. Enviem cartas às redações das suas revistas preferidas e solicitem mudanças. Sejam livres, façam escolhas, usem sua habilidade e sensibilidade para se oporem à ditadura da beleza. As empresas são livres para anunciar, mas vocês são livres para decidir comprar. Façam o mesmo com empresas que usam o corpo masculino estereotipado.

As dirigentes tinham os pés no chão. Sabiam que a chance de vencerem era de uma em mil se elas fossem tímidas e de uma em dez se fossem ousadas. Em seus artigos, escreviam que a mudança de paradigmas demoraria anos ou décadas para reeditar as zonas de conflito nos milhões de pessoas afetadas.

Entenderam o enfoque de Marco Polo e Falcão e concordaram que precisavam do apoio maciço das escolas. Professores e professoras precisavam ensinar em cada sala de aula e a cada aluno que a beleza está nos olhos de quem vê. Precisavam formar uma nova geração de pensadores, de jovens que vivam a vida como espetáculo único e que sejam livres no território da emoção.

O movimento das mulheres era tão sublime que não tinha raça, cor, cultura e religião. Muçulmanas, judias, budistas, hindus, cristãs, todas tinham a mesma meta, eram apaixonadas pelos seus filhos e aprenderam a se apaixonar pela humanidade. Elas descobriram uma força incrível não apenas na sua alma, mas também no poder de compra.

Em cada país no qual elas se organizavam e começavam a fazer um bloqueio de determinado produto ou serviço, as consequências eram grandes do ponto de vista comercial. As vendas caíam drasticamente: no caso de um tipo de celular, 20%; numa linha de produtos de beleza, 30%; numa marca de roupa feminina, 35%; no número de contas num banco, 22%; e assim por diante. De outro lado, as pouquíssimas empresas que começaram a respeitar as mulheres aumentaram significativamente suas vendas.

Gerou-se um desespero no mercado. O sistema começou a se amedrontar. Eles sabiam que as mulheres eram a mola propulsora da economia de mercado. Elas tinham uma enorme arma nas mãos e não a utilizavam. Elas compravam 65% dos livros e definiam mais do que os homens a compra de carros, roupas, aparelhos eletrônicos e de uma série de outros produtos. Sem as mulheres, os shoppings iriam à falência.

Preocupadas com seus filhos, as mulheres fizeram uma súplica mundial para que não se fizesse propaganda para crianças abaixo de 10 anos, ou pelo menos excessivamente, pois o apelo ao consumismo estava asfixiando a infância delas. O fast-food emocional estava bloqueando a criatividade e a saúde psíquica de crianças e adolescentes. Era uma luta contra o tempo. A cada cinco segundos morria a infância de uma criança no mundo. Elas tinham que brincar, inventar, sonhar, se envolver com a natureza, se aventurar.

A atitude das mulheres do comitê estava levando a mudanças nos hábitos de consumo e de relacionamento, o que fez cair pela primeira vez as vendas de video games. Os pais passaram a brincar mais com seus filhos, cruzar mais seu mundo com o mundo deles. Entenderam, finalmente, que bons pais dão presentes para os filhos, mas pais e mães brilhantes dão suas lágrimas, seus sonhos, sua história para eles. Bons pais preparam os filhos para o sucesso, mas pais e mães brilhantes os preparam para os fracassos, para lidar com perdas e frustrações. Bons pais corrigem erros, pais brilhantes ensinam a pensar e a criticar as garras do sistema que os deformam.

As borboletas ganharam asas de águias. Era difícil abater as conselheiras do comitê. O movimento crescia dia a dia. Porém, elas mexeram em algo intocável, sagrado, o capital das empresas, e isso poderia trazer graves consequências. Alguns executivos e grandes empresários se reuniram para avaliar a dramática situação. Chegaram à conclusão de que, se eliminassem o padrão inatingível de beleza, eles agradariam às mulheres hoje, mas no futuro as vendas voltariam a cair de maneira consistente. "O crescimento econômico nasce no solo da insatisfação", poetizou um dos empresários.

– Perderemos bilhões de dólares neste país – disse teatralmente outro empresário.

– Esse movimento é um socialismo disfarçado! – sentenciou um empresário que deixou de faturar 50 milhões de dólares no trimestre anterior.

– A democracia corre perigo! – comentou um alto executivo de uma famosa loja de departamentos cuja empresa ficou com a imagem maculada diante do bloqueio das mulheres.

– Haverá inúmeras falências e desemprego – sentenciou um banqueiro brasileiro que perdeu milhares de contas, pois só contratava mulheres esculturais para dar um toque erótico nas agências e cativar executivos.

Decidiram, a portas fechadas, para o bem da sociedade de consumo, que deveriam agir contra o perigoso movimento a qualquer custo.

– Temos que tomar cuidado. Não podemos produzir heróis, mas vilões – afirmou um espertíssimo diretor de marketing. E proclamou: – Precisamos destruir o cérebro do movimento. Mas como fazer isso? – comentou perturbado, mas decidido.

~

Um mês depois, Lisa foi ao consultório de Marco Polo. Estava estressada e ansiosa. Havia iniciado um tratamento com ele havia três semanas. Coincidentemente, encontrou alguns repórteres e fotógrafos no saguão do edifício que estavam ali para entrevistar Marco Polo. Lisa teceu elogios à luta das mulheres e exaltou a dignidade e a ética do psiquiatra.

Como Lisa estava atrasada para seu horário, tão logo ela chegou, a secretária a conduziu ao consultório. Quinze minutos depois, algo impensável aconteceu. Ouviram-se gritos estridentes no consultório. Lisa bradava desesperadamente sem parar, causando pânico na sala de espera. Apavorados, os jornalistas abriram a porta. Lisa estava toda arranhada, com a blusa rasgada e os seios à mostra.

Marco Polo a segurava fortemente em seus braços.

Aos gritos, Lisa bradava:

– Esse homem é um maníaco sexual! Ele tentou me agarrar!

Todos ficaram perplexos. Os fotógrafos registraram a cena. Não paravam de disparar flashes. Marco Polo, ao se ver fotografado, soltou lentamente os braços de Lisa. Tentou se explicar, mas ninguém o ouvia. Atônito, sentou-se na poltrona. Estava arrasado.

Lisa estava abaladíssima. Abraçou um dos repórteres e disse, em prantos:

– Leve-me para longe desse psicopata!

Protegendo-a, o jornalista a conduziu para fora e chamou imediatamente a polícia. Marco Polo não fugiu. Trinta minutos depois, ele saiu algemado do consultório. As redes de TV filmaram a dramática cena. Enquanto ele saía, outros profissionais apareciam fotografando o famoso psiquiatra e querendo entrevistá-lo. Ele não escondia o rosto, mas não dizia palavra. Não atacava Lisa nem negava que tentara agarrá-la à força. Os repórteres interpretaram sua reação como a de um homem frio e perigoso, incapaz de expressar sentimentos.

Na mesma noite saiu nos telejornais a manchete: "Guru do movimento contra a ditadura da beleza é um predador sexual." No outro dia, sua foto estava estampada nas primeiras páginas dos jornais. Nos dias que se sucederam, ele continuou a ser alvo das notícias. Os jornalistas que presenciaram a cena disseram que Lisa era insuspeita, pois minutos antes de entrar no consultório ela havia elogiado seu psiquiatra. "Só um monstro poderia atacar mulheres indefesas", comentaram.

Não bastasse isso, algumas modelos que nunca tinham sido suas pacientes apareceram dizendo que foram assediadas sexualmente por ele. Longas reportagens denunciando-o e tecendo os desvios do seu caráter foram feitas. O pensador da psiquiatria e da psicologia tornou-se um crápula, o exemplo mais pérfido de ser humano.

As dirigentes do comitê ficaram assombradas, mudas, paralisadas. Queriam defendê-lo, mas ele havia atacado uma mulher e essa mulher era Lisa, uma incansável batalhadora do movimento. Perturbadas, elas lembraram-se de todas as conferências que Marco Polo dera e de como ele estimulara a formação do comitê.

Quanto mais resgatavam essas lembranças, mais ficavam estarrecidas. Então, o comitê recebeu seu mais dramático golpe, um golpe insustentável, que atingia sua essência. Começaram a desacreditar as ideias que alicerçavam o próprio comitê e que estavam ligadas diretamente a Marco Polo e Falcão. Um vírus entrou no âmago da organização das mulheres e ameaçou matá-la.

Inicialmente, Marco Polo se recusou a falar não apenas com os jornalistas, mas com todas as pessoas próximas, inclusive Falcão. O amigo chorou, não entendia sua reação, queria acordar do pesadelo. Anna foi visitá-lo e levou Falcão. Ele os recebeu.

Anna estava em prantos. Os últimos acontecimentos pareciam um delírio para ela. Marco Polo estava angustiado, entristecido. Ao vê-la chorar, não se conteve. Chegou a vez de o gigante chorar e passar pelo mais árido deserto emocional. Anna olhou para ele e perguntou:

– Você é culpado? Seja sincero!

– Minha defesa é minha história e não minhas palavras. Vocês sabem quem sou – falou olhando sua mulher no fundo dos olhos. E contou-lhes o que tinha realmente acontecido.

As lembranças inundaram a mente de Anna. Ela se recordou de como Marco arrebatara seu coração, de como a estimulara a não desistir da vida, de como enfrentara o mundo para se casar com ela. Lembrou-se também da sua sensibilidade e de como sempre tratara com dignidade os excluídos da sociedade.

Ele exaltava a criatividade dos psicóticos, a fome de viver dos que tinham síndrome do pânico, a dignidade dos deprimidos. Os portadores de depressão, dizia ele, estavam entre as melhores pessoas da sociedade, pois sabiam se doar, mas não sabiam se proteger. Agora seu afetuoso marido estava completamente desprotegido. Nenhuma voz se levantava para defendê-lo, nem ele mesmo.

– Mas, se você não é culpado, por que não se defende? – indagou Anna.

– Fui supostamente pego em flagrante e diante das câmeras. Passei a ser considerado um perigo para a sociedade. Ninguém vai acreditar em mim. Minha vida e minha carreira foram dilaceradas – suspirou de cabeça baixa, profundamente abatido. – Sinto-me sem forças. – E fez uma solicitação ao amigo: – Cuide de Anna para mim. Não sei qual será meu futuro nem qual será o futuro do nosso casamento. Só sei que a amo muito. E me desculpe por terem que enfrentar tudo o que está acontecendo.

Pediu particularmente para Anna ficar longe das câmeras, para que se preservasse e despediu-se. Anna, que entrara abalada no presídio, saiu transtornada.

Elizabeth visitou-o, mas ele se recusou a recebê-la. Parecia confessar o crime com o silêncio. Na saída do presídio, ela disse a alguns jornalistas que jamais conhecera um tão homem ético, sensível e inteligente quanto Marco Polo. Comentou que o que estava acontecendo a deixava assombrada. Não conseguia entender nem raciocinar.

"Os predadores são muito inteligentes e dissimulados", afirmaram os repórteres. Pediram que explicasse como podia falar bem de alguém que atacara sua melhor amiga. Elizabeth não soube responder. No outro dia, aventaram a hipótese de que Elizabeth estaria tendo um caso com Marco Polo.

As mulheres do comitê fizeram uma reunião emergencial. Lisa se reuniu com elas. Estava visivelmente perturbada. Contou a admiração que tinha por Marco Polo e de como tinha ficado horrorizada com seu assédio sexual e, posteriormente, com seu ataque.

– No momento em que ele me atacava, eu chorava dizendo que ele se lembrasse da luta a favor das mulheres. Então, ele gritou: "Esqueça as mulheres. Lute por mim e confesse que você sempre foi apaixonada." Ele tentava abrir minha blusa à força. Seu rosto ficou desfigurado, parecia um monstro. Seus olhos estavam fixos e obcecados. Como eu não cedi, ele teve um ataque de raiva e começou a rasgar minha roupa brutalmente.

O requinte de detalhes com que Lisa descrevia a cena deixou as dirigentes do comitê abaladíssimas. Tinham confiado em Marco Polo, acreditaram em suas ideias e em sua afetividade em relação às mulheres, e agora eram levadas a pensar que todo o seu comportamento não passava de um disfarce. Começaram a sentir que tinham sido usadas por ele. Lisa, suspirando, finalizou:

– Ainda bem que havia repórteres na sala de espera.

Essa última frase intrigou Elizabeth. Ela perguntou:

– Como esses repórteres foram parar no consultório de Marco Polo, Lisa?

– Eu os encontrei no saguão. Eles me disseram que Marco Polo tinha marcado uma entrevista coletiva para falar sobre as últimas conquistas do movimento – respondeu ela apressadamente.

Aflita, Elizabeth voltou a indagar:

– Lisa, você foi secretária-executiva do movimento desde a fundação. Eu não tinha tempo de observar os atos de Marco Polo, mas você o acompanhou de perto. Deixe-nos entender algumas características dele para sabermos até onde ele nos usou: Marco Polo gostava de dar entrevistas? Ele gostava de aparecer diante das câmeras?

– Sim! – Lisa respondeu sem titubear. E acrescentou: – Marco Polo demonstrava que gostava de visibilidade.

A alma de Elizabeth ficou gelada, e ela manifestou sua inquietação. Todas as demais membros do comitê perceberam seu transtorno, mas não entendiam o que estava acontecendo. Na realidade, Elizabeth conhecia muito mais Marco Polo do que Lisa. Sarah se tratara com ele. Anna era amiga de Sarah. E frequentemente Elizabeth e Marco Polo tinham longas conversas ao telefone.

Ela não se esquecera das palavras dele: "Nenhuma sociedade é livre sem uma imprensa livre. Mas a imprensa constrói e destrói mitos. O movimento deve dar ênfase à educação." Marco Polo preferia o anonimato, tinha apreço pelos jornalistas, mas evitava dar entrevistas, embora em algumas ocasiões especiais falasse com a mídia. Acreditava que seus livros, artigos e conferências eram suficientes para representar suas ideias.

Lisa observou o comportamento estranho de Elizabeth. Ansiosa, questionou:

– O que está acontecendo, Elizabeth? Você duvida de mim? Você não leu o relato dos repórteres que me protegeram no consultório?

Entristecida e sem entusiasmo, a amiga respondeu:

– Vi, Lisa. É que estou pensando em outra coisa. Não se preocupe comigo.

Logo em seguida, Lisa despediu-se das dirigentes e saiu. As mulheres sentiam-se profundamente traídas por Marco Polo. Perderam até o ânimo de falar com Falcão. Tinham a impressão de que o comitê se dissolveria como gelo ao sol do meio-dia. Dessa vez, cada uma pensou seriamente em cuidar da própria vida. Quando iam decidir pela dissolução do movimento, Chen, percebendo algo no ar, veio novamente à carga com uma indagação:

– Marco Polo falou do Mestre dos Mestres com muita paixão, disse que, mesmo durante sua agonia, ele defendia as mulheres. Como pode um homem com tanta sensibilidade ser um traidor?

Atônita, Rúbia acrescentou outro questionamento:

– Ele e Falcão suplicaram para que não desistíssemos do movimento, discorreram solenemente sobre o assassinato da autoestima das mulheres e sobre crianças destruindo sua autoimagem em todas as sociedades modernas. Meu Deus, se esse homem é um falso, não poderemos confiar em nenhum outro ser humano na face da Terra!

O teatro da mente delas era pequeno para tantas perguntas sem respostas. Quanto mais pensavam no assunto, mais confusas ficavam, e quanto mais confusas, mais deprimidas se tornavam. Milhares de pessoas que acreditaram nessa luta entraram em crise. Sarah e Rosie ficaram prostradas na cama no dia do escândalo. Rosie começou a recusar alimentos. O desespero de seus pais reacendeu-se.

O enorme navio do movimento que se deslocava em tranquila velocidade de cruzeiro colidira com um iceberg. Mais uma vez se provou que, quando se destrói a imagem de alguém, é possível causar catástrofes.

Capítulo 17

Elizabeth tentou novamente visitar Marco Polo. Desta vez ele a recebeu, mas estava cabisbaixo. Não parecia destruído pela sua consciência, mas tinha o semblante abatido pela dor. Continuava sem ânimo para falar. Parecia estar viajando em seus pensamentos, tentando encontrar a solução para um problema sem resposta. Vendo-o mudo, ela o abalou, afirmando:

– Eu sei que você é inocente, Marco Polo.

O psiquiatra levantou os olhos e, admirado, disse:

– Você não confia na sua melhor amiga? Como pode afirmar que eu sou inocente?

– Eu não sei direito o que está acontecendo, mas creio na sua inocência.

E lhe contou por que acreditava nele. Em primeiro lugar, por tudo o que ele revelara para as mulheres; em segundo, por sua total coerência; em terceiro, pela afetividade e paixão pela humanidade que sempre demonstrara. Depois de deixar seu amigo surpreso, ela adicionou:

– Em quarto lugar, eu acredito em você porque percebi uma grande contradição no relato de Lisa.

E contou os detalhes de sua suspeita. Depois de falar, Elizabeth permaneceu em silêncio, lembrando-se de alguns fatos: a tentativa de suicídio de Sarah, todo o cuidado de Marco Polo com sua filha, de como a ajudara a vencer a bulimia. Recordou a rejeição de Robert, mas também as conquistas do comitê, o desfile de Ives Latorra, as conferências fascinantes que ele e Falcão proferiram.

Após essa viagem no tempo, voltou para a realidade, viu o amigo atrás das grades e tentou inutilmente disfarçar suas lágrimas. Vendo sua tristeza, Marco Polo, apesar de abatido, ainda tentou consolá-la:

– Elizabeth, "não chore por mim, chore pelas mulheres e por seus filhos" – disse o psiquiatra repetindo as doces palavras do Mestre dos Mestres. Mas em seguida olhou para si e, ao perceber a própria fragilidade, comentou: – Tenho muitos defeitos, não mereço suas lágrimas. Sou um pequeno mortal que por instantes existe e logo se dissipa no calor do tempo.

Ela entendeu o que ele queria dizer e o admirou ainda mais. Então perguntou:

– Por favor, conte-me o que realmente aconteceu entre você e Lisa. Seja sincero.

Marco Polo levantou suavemente a cabeça e rasgou sua alma. Elizabeth ficou estarrecida com o relato. Indignou-se profundamente com Lisa, e nesse momento a amizade e a confiança que a ligavam à amiga desvaneceram-se. Marco Polo não condenava Lisa, pois afinal ela era sua paciente, e ele não tinha elementos para julgá-la, pois não entendia o que acontecera. Elizabeth também não imaginava quais teriam sido os motivos da acusação, mas desconfiava que uma sórdida trama fora encenada nos bastidores para destruir a imagem dele. E os resultados foram devastadores.

Elizabeth enviou mensagens para as dirigentes do comitê sobre tudo o que estava acontecendo. Relatou que forças ocultas tinham elaborado o mais execrável complô contra o movimento. A história real do que sucedera deixou as mulheres por um lado perplexas, mas por outro lado deu-lhes fôlego para continuarem unidas. Desde o início da organização do movimento suas vidas tinham sido subvertidas, passaram a enfrentar grandes sobressaltos, mas o último golpe fora excessivo.

Se estivessem divididas, certamente seriam derrotadas; mas, se ficassem unidas, teriam alguma chance de sobreviver. Como provar a inocência de Marco Polo e resgatar o crédito das suas ideias? Como recuperar a dignidade do movimento e reacender a chama gravemente abalada em milhões de mulheres? Eram tarefas quase impossíveis, sobretudo porque desconheciam seus inimigos. Além disso, provar a inocência de Marco Polo seria condenar Lisa. De qualquer forma, o movimento sairia do episódio com enormes cicatrizes.

⁓

A repercussão pública do julgamento de Marco Polo foi tão grande que ele enfrentou uma corte com um corpo de jurados. Devido ao impacto social do caso, o juiz decidiu que o julgamento poderia ser transmitido diretamente pela TV. Toda a mídia estava a postos.

Inúmeras pessoas, inclusive grandes empresários, se concentraram em acompanhar o destino do homem que encorajara as mulheres a fazerem um dos maiores levantes mundiais de todos os tempos. As mulheres do comitê compareceram ao julgamento. Não sabiam o que fazer por Marco Polo, mas não podiam abandoná-lo. Quando ele entrou algemado no tribunal, estava abatido, pálido, oito quilos mais magro. Quando as viu, desacelerou os passos. Em seguida, ao perceber a presença de Falcão, deu um leve sorriso, como se recordasse das aventuras que vivera com o mestre da filosofia.

Depois fixou seus olhos em Anna. Sentiu vontade de correr e abraçá-la, como fizera tantas vezes no meio da multidão! Queria gritar que a amava intensamente, mas suas mãos estavam presas e sua alma, amordaçada. De repente, logo antes de se sentar, viu o bilionário Lúcio Fernandes, seu sogro, que sempre o rejeitara visceralmente. O grande empresário estava acompanhando a filha nesse humilhante julgamento. "Depois da condenação", Lúcio pensava, "Anna certamente pedirá o divórcio." O ar indecifrável de Lúcio ora manifestava uma aparente solidariedade à filha, ora uma indisfarçável rejeição pelo réu.

Na fase do interrogatório o juiz ouviu Marco Polo. O magistrado fez várias perguntas procurando saber a versão do acusado. O psiquiatra falou pouco, com frases curtas. Disse que tinha grande apreço por Lisa, que não entendera sua reação, pois queria protegê-la no momento em que ela entrara numa crise. Como ele não era contundente em acusar Lisa, e apenas declarava sua inocência, sua fala em nada o beneficiava.

Depois o promotor inquiriu o réu. Fez uma série de perguntas, algumas inconvenientes e descabidas, sob o protesto do defensor, que não tinha grande entusiasmo em defendê-lo. David, o promotor, detestava o movimento contra a ditadura da beleza. Machista autoritário, considerava Marco Polo não apenas um predador sexual, mas também um anarquista, que tumultuava a ordem social e colocava em risco a democracia e o sistema capitalista.

David estava no terceiro casamento. Suas ex-esposas não tinham suportado seu mau humor e sua agressividade psíquica. Nunca fora amável, generoso e altruísta com elas. Pequenas contrariedades geravam nele reações desproporcionais.

– Um ser humano, e muito mais um psiquiatra, para ter um mínimo de dignidade, precisa ser um servo da honestidade – disse o promotor, olhando fixamente para o réu. Em seguida perguntou: – Na tarde do dia 23 de agosto o senhor tentou abusar sexualmente de Lisa? Faça um favor para a sociedade, seja transparente, reconheça seu crime.

Houve um silêncio prolongado. A plateia estava atenta e a televisão filmava cada expressão do réu. Então, para a surpresa de todos, Marco Polo disse:

– Lisa é uma pessoa encantadora. Sempre a admirei. Só ela pode dizer se sou inocente ou culpado.

O juiz e os jurados ficaram confusos com as palavras de Marco Polo. Nunca tinham visto um réu se manifestar daquele jeito. Suas reações colocavam mais combustível na ira do promotor, que fazia perguntas cada vez mais contundentes contra ele.

– Estão vendo, senhores jurados, a frieza crua, sarcástica, desse homem? Ele é um destruidor dos sentimentos humanos, por isso não consegue expressar suas emoções.

O advogado de defesa proclamou:

– Protesto, meritíssimo!

O protesto foi aceito, com as advertências do magistrado. O promotor continuou a indagar o réu. Marco Polo, aparentemente calmo, repetiu o que já tinha dito ao magistrado. Por mais que o promotor fizesse perguntas inconvenientes, não mudava o tom de voz. Às vezes, optava pelo silêncio. O promotor foi ficando inquieto e irritado com a economia de palavras e a passividade do réu.

Após essa fase ouviram-se as testemunhas de acusação e de defesa. Chegou a vez de Lisa testemunhar. Ela estava sentada na cadeira como testemunha que jurara dizer a verdade, sob pena de prisão. O promotor pediu em alto e bom som que ela relatasse as reações de Marco Polo na referida data.

Os olhos de Lisa ficaram úmidos e sua voz, embargada. Diante disso, o promotor a incentivou.

– Lisa! Eu sei que você está chocada, sem condições de se expressar, mas olhe para os jurados e conte-nos o que aconteceu naquela tarde fatídica.

Lisa abaixou levemente a cabeça e descreveu como Marco Polo tentara seduzi-la e como ela resistira à investida. Diante da sua resistência, ele ficara irado, ansioso, e tinha começado a rasgar a sua roupa, expondo-lhe os seios. Tinha sido inútil tentar defender-se, pois quanto mais ela procurava afastá-lo, mais ele usava a força.

– Foi horrível! – completou.

– Então, em vez de encontrar um médico que a respeitasse e cuidasse da sua saúde, você encontrou um monstro. – David falou com aspereza, começando a forçar um veredicto antes das alegações finais do julgamento.

O defensor protestou. O juiz novamente atendeu ao protesto.

Em seguida, o promotor ouviu os repórteres e fotógrafos que presenciaram a cena. Todas as respostas minavam claramente a inocência de Marco Polo. Pelo relato contundente das testemunhas de acusação, parecia não haver como escapar de uma decisão condenatória.

Falcão se contorcia na plateia, queria sair em defesa do amigo, mas não podia. Lembrou-se dos tempos de mendigo, quando vivia à margem da sociedade. Teve saudades, pois não possuía nada naquela época, mas era mais livre. Ninguém era capaz de conter suas palavras. Agora, sentia-se um cidadão do mundo, um calado espectador de uma peça teatral em cujo roteiro não podia interferir.

As mulheres do comitê estavam abismadas. Dois batalhadores da causa das mulheres, Marco Polo e Lisa, encontravam-se em lados opostos no tribunal. Era um quadro que asfixiava a emoção, perturbava a inteligência, uma tempestade insuportável. No fundo, só havia um ganhador: o sistema que extorquia a felicidade das mulheres.

Muitos advogados se recusaram a assumir a causa de Marco Polo, pois, atendendo às suas convicções e não querendo pôr em risco sua imagem social, não militavam em causas que evidenciassem um ato criminoso de agressão sexual, sobretudo com provas tão evidentes. O advogado contratado, um criminalista, não era um especialista nem entusiasta de debates orais nos tribunais. Quando entrou em cena, ateve-se a expor uma simplória e genérica defesa. O próprio Marco Polo teve culpa nessa escolha, pois, sabendo que não conseguiria reunir provas capazes de absolvê-lo, deixou de fornecer alguns elementos para o seu defensor. O imbatível pensador estava paralisado, embotado, sem capacidade para reagir.

Quando pensava que sua imagem fora dilacerada e que isso estava afetando profundamente Sarah, Rosie e outros pacientes que tinham construído uma delicada plataforma de credibilidade em seu tratamento, ele desmoronava. Torturava-se internamente. Também estava preocupadíssimo com milhares de mulheres que haviam confiado em seus argumentos contra a ditadura da imagem, mas que agora o viam como traidor do movimento.

Logo após o término da instrução, onde foram ouvidas as testemunhas arroladas, e antes de iniciar a fase final do julgamento, ocorreu um incidente. O juiz determinou a realização de uma pausa na sessão. De repente, manifestando grande apreensão, o Dr. Paul McMeel, pai de Rosie, entrou no gabinete do magistrado e pediu para conversarem a sós.

O Dr. McMeel era conhecidíssimo no meio jurídico. Depois de fechar a porta, o renomado criminalista teve uma atitude inesperada, começando a chorar diante do magistrado. Ele, que sempre demonstrara segurança, intrepidez e persuasão no tribunal, agora parecia o mais frágil dos homens. "Qual é a causa desse pranto?", o juiz se perguntava, inquieto.

O ilustre advogado contou então a dramática história de sua filha, sua desnutrição severa, o risco de vida que ela correra, os tratamentos frustrados. O juiz, que só conhecia a eloquência jurídica do Dr. McMeel, entrou em contato com seus sentimentos mais angustiantes. Entendeu que estava diante de um homem arrasado.

– Jamais me senti tão impotente. Todas as minhas conquistas

perderam o valor diante da anorexia de minha filha. Eu me sentia um pai miserável, desesperado, desesperançado.

Falou então de como o Dr. Marco Polo tinha aparecido em sua história. Contou como, com espantosa habilidade, ele resgatara Rosie para a vida. Pouco a pouco ela refez sua autoimagem, voltou a comer sem culpa, saiu de sua profunda crise depressiva e deu um salto de qualidade em seu prazer de viver. Leu um trecho de uma carta que Rosie escrevera para Marco Polo, mas não pudera entregar, um dia depois de estourar o escândalo.

~

Hoje é meu aniversário. Obrigada, Dr. Marco Polo, por tornar mais leve a minha emoção e mais pesado o meu corpo. Você é mais do que um psiquiatra, você é meu grande amigo. Já ganhei 21 quilos; atualmente estou com 50 quilos de felicidade. Como é bom viver sem esperar muito dos outros! Como é bom traçar os próprios caminhos e escrever a própria história! Não sou mais obrigada a ser perfeita. Apesar das minhas falhas, estou apaixonada por mim. Descobri finalmente que sou belíssima. Obrigada por me ensinar o valor das coisas simples.

~

Após a leitura dessa carta, o Dr. McMeel disse ao magistrado:

– Jamais interferi numa sessão de julgamento, intercedendo por um réu, sobretudo sabendo que assistimos a um caso de inigualável repercussão mundial. Sei que a minha postulação vai contra as regras jurídicas, mas minha filha está internada num hospital, se recusa a comer e corre o risco de morrer. Ela insiste em ver o Dr. Marco Polo pela última vez. Não posso me sentir culpado por não ter tentado tudo para salvá-la.

Em seguida, o criminalista respirou longamente e fez um pedido:

– Permita-me, neste momento, invocar a Constituição Federal de nosso país, que garante o inalienável direito à vida e à existência humana. Peço, Excelência, não apenas como realização do último desejo de minha filha, mas talvez como último ato de um pai que tudo faz para manter a vida de sua filha pulsando que atenda o meu pedido. Permita-me conduzir o réu para ver Rosie por um breve momento.

Realmente, o pedido era incomum. Entretanto, como se tratava de um caso gravíssimo, e diante dos argumentos persuasivos do Dr. McMeel, o juiz, invocando a Carta Suprema, abriu um precedente. No dia seguinte liberou o réu para ir ao hospital escoltado, mas por apenas uma hora. Como o percurso de ida e volta demoraria mais de quarenta minutos, o psiquiatra teria pouco tempo para conversar com Rosie.

Quando Marco Polo ficou sabendo que Rosie havia interrompido sua alimentação, ficou inconsolável. Saiu algemado e escoltado, na companhia do Dr. McMeel.

Os guardas ficaram do lado de fora do quarto controlando o tempo. Rosie havia pedido para seu pai estar presente no quarto. O Dr. McMeel entrou com Marco Polo e, para a surpresa dos dois, Sarah se encontrava lá, sentada na ponta da cama de Rosie. O psiquiatra as cumprimentou com um aceno da cabeça e se aproximou do leito. O Dr. McMeel ficou um pouco mais distante, observando os fatos.

Rosie emagrecera um pouco, mas Marco Polo imaginou que em um ou dois meses o quadro dela se agravaria e ela poderia retornar ao estado anterior. Quando tentou falar com ela, Rosie tapou os ouvidos. O psiquiatra angustiou-se. Um inquietante minuto se passou. Logo depois, Rosie fitou os olhos dele e disse, áspera e surpreendentemente:

– Eu não falo com gente fraca!

Marco Polo ficou estupefato com sua reação.

– Como assim, Rosie? – indagou, confuso diante do seu forte tom de voz.

Rosie se calou e Sarah tomou a frente e falou com uma segurança sólida:

– Você nos ensinou a ser fortes. Agora está sendo um fraco!

Marco Polo ficou chocado. Levou as mãos algemadas ao rosto, não acreditando no que estava ouvindo. O Dr. McMeel também estava boquiaberto, sem entender as reações das duas. Rosie continuou, instigando a inteligência do seu psiquiatra:

– Você nos ensinou a não desistir da vida. Agora está desistindo da sua liberdade. Que absurdo! Você não vive o que fala? – expressou indignada.

– Por que não tem forças para se defender? Por que está com sua autoimagem ferida? – falou Sarah provocando um choque de lucidez na deprimida mente de Marco Polo.

Em seguida, Rosie deu um golpe fatal na sua fragilidade:

– Você está sendo escravo da sua imagem, como eu e Sarah éramos escravas de uma imagem doentia. Mostre-me as suas algemas – falou com autoridade. Ele, assombrado, as mostrou. E ela completou: – Olhe para elas. Onde está o homem que nos fez romper as algemas que aprisionavam nossa emoção? – A jovem que o questionava tinha sido prisioneira de um dos mais drásticos cárceres humanos.

O Dr. McMeel ficou atônito. Marco Polo ficou pasmo. De repente, começou a sorrir, enquanto seus olhos inundavam-se de lágrimas e seu rosto, de alegria. Ele sempre acreditara que cada paciente tem muito a ensinar a seus psiquiatras e psicólogos. Chegara a vez de suas queridas pacientes ajudarem-no. Elas tinham vivido debaixo da ditadura da imagem física, e ele estava vivendo debaixo da ditadura da imagem psíquica, da masmorra da calúnia.

Marco Polo tentou justificar sua falta de ação, explicando por que não fora forte o suficiente durante o julgamento. Contou uma história comovente para ilustrar sua atitude. Falou do assassinato do grande imperador romano Júlio César.

Disse que, embora fosse o maior dos imperadores romanos, César vivia problemas com o Senado. O imperador tinha um grande e fiel amigo, Brutus, que estava sempre ao seu lado. Entretanto, algo inesperado aconteceu. Brutus tramou uma traição com os senadores. Prepararam uma sinistra armadilha. Combinaram que cada pessoa deveria dar uma punhalada no imperador para que ninguém fosse incriminado sozinho.

– Certo dia, os traidores executaram a trama. Pegaram Júlio César de surpresa e começaram a esfaqueá-lo pelas costas sem nenhuma compaixão. Apesar das feridas penetrantes, da dor e do sangue que jorrava do seu corpo, o imperador resistiu, lutando como um valente contra os infames. Não queria desistir da vida. De repente, no meio do tumulto, seus olhos se encontraram com os de Brutus com um punhal nas mãos. Quando viu, entre os traidores, seu querido amigo, os olhos de César se encheram de lágrimas, suas forças se dissiparam. Assim, o grande imperador desistiu de lutar e se entregou.

Rosie e Sarah ficaram emocionadas. Com um nó na garganta, perceberam o que o golpe de Lisa representara para Marco Polo. Entenderam que não há gigantes nesta vida, pois todos se dobram aos golpes de uma grande decepção. Sabiam desde o começo que seu psiquiatra era inocente, embora tivessem ficado abaladas com as manchetes.

Quando Elizabeth contou para as duas que Marco Polo fora traído, a notícia só confirmou o que elas já intuíam. Diante disso, decidiram construir uma trama para ajudá-lo. Rosie simulou que estava passando mal e, pela primeira vez, pediu para ser internada. Seu pai não sabia de nada. Rosie queria que ele presenciasse toda a cena que armaram e se tornasse o advogado de Marco Polo, pois sabia que o pai, embora um requisitado criminalista, não defendia agressores sexuais.

Quando Marco Polo contou a história, elas compreenderam sua atitude, mas nem assim concordaram com sua inércia. Pegaram duas barras de chocolate e começaram a comê-las prazerosamente, sem oferecer-lhe e sem dizer qualquer palavra. Lambuzaram deliberadamente a cara e só então disseram:

– Meu Deus! Como tem gente frágil neste mundo! Como tem gente que desiste tão facilmente dos seus sonhos!

Novamente, o psiquiatra ficou extasiado, radiante. Nunca se sentira tão feliz em ser chamado de frágil. Entendeu aonde elas queriam chegar. O eu de Marco Polo deixou de ser um servo dos seus conflitos, vítima da traição e da rejeição social, e começou a fazer escolhas.

Sentiu que precisava tornar-se autor da sua história. Não podia desistir do sonho de liberdade, ainda que fosse apenas para tê-la dentro de si mesmo. De repente, os guardas entraram. O escasso tempo já havia se esgotado. Pegaram-no pelo braço e ele só teve tempo de olhar para trás e dizer a Sarah e Rosie:

– Obrigado! Muito obrigado. Não desistirei!

Capítulo 18

O Dr. McMeel acompanhou a escolta de Marco Polo. No caminho, disse que, se ele desejasse, gostaria de assumir sua defesa. O psiquiatra aceitou, e o criminalista falou que, para que pudesse empreender uma defesa criteriosa, precisaria conhecer sua história de vida e o relato detalhado do que acontecera realmente. Todas as testemunhas já tinham sido ouvidas, o julgamento já estava na fase das alegações finais e a condenação de Marco Polo era tida como certa.

Motivado pelas duas jovens, o psiquiatra teve, assim, longas conversas com seu novo defensor. Abriu os principais capítulos da sua vida, falou sobre sua profunda amizade com Falcão, sua visão de mundo, seus projetos de vida. Marco Polo se considerava um "ser humano sem fronteiras" que não conseguia viver apenas para a sua profissão, seu bolso e seu futuro. O criminalista ficou surpreso em conhecer a sua fascinante história.

Para o pensador da psiquiatria e da psicologia, a espécie humana estava doente, dividida e dilacerada por preconceitos e discriminações. As pessoas encontravam-se embriagadas pelo individualismo, viviam em função de seus grupos sociais, políticos e religiosos. Elas não pensavam como espécie, e por isso raramente eram apaixonadas pela humanidade. Marco Polo disse ao seu defensor que queria gritar para as pessoas de todas as nações que na imensa base do funcionamento da mente não havia reis e súditos, psiquiatras e psicóticos, árabes e judeus, pessoas belas e feias, mas seres humanos que possuíam igualmente um complexo teatro intelectual. Essa visão sobre a vida o motivava a lutar por projetos sociais.

Enquanto o ouvia, o Dr. McMeel ficava assombrado, jamais conhecera alguém tão espetacular. Percebeu que não estava apenas diante de um psiquiatra, mas de um ser humano de rara sensibilidade, um poeta da vida. Entendeu por que Rosie, depois de se tratar com ele, não apenas tinha superado a anorexia como se tornara uma jovem com inteligência multifocal, que enxergava a vida por vários ângulos, que era capaz de pensar antes de reagir e de se doar aos outros sem esperar retorno.

Marco Polo destacou os motivos pelos quais tinha resolvido apoiar a luta das mulheres. Estava completamente indignado com os líderes políticos e sociais e até com parte da comunidade científica, que não percebiam o rombo no inconsciente produzido pelas sociedades de consumo. Sabia dos inegáveis avanços gerados pela democracia e pelo capitalismo, mas dissecou algumas chagas do sistema: a tortura socialmente aceita das jovens modelos, a tirania dos desfiles, o massacre da autoimagem das adolescentes e das mulheres, a mensagem subliminar das propagandas que usam o estereótipo da beleza, o consumismo erótico insaciável, a identidade humana tratada como um número de cartão de crédito.

O Dr. McMeel parecia um pequeno aluno deslumbrado diante do conhecimento que absorvia. Completamente impressionado com a sabedoria de Marco Polo, o defensor lhe disse:

– Jamais um réu me deu lições de vida. Hoje aprendi que, apesar da minha riqueza, faço parte do rol dos miseráveis. Tenho amado minha família, meus amigos e meu grupo social, mas nunca amei minha espécie. Sou um americano que ama o meu país, mas não um ser humano sem fronteiras. É a primeira vez que vejo um réu verdadeiramente livre.

Em nova sessão, quando o juiz anunciou no tribunal o novo

advogado de Marco Polo, um burburinho correu entre os presentes. As mulheres do comitê animaram-se. O promotor ficou abalado, pois esperava um debate final facílimo. Para ele, era inevitável que o réu fosse condenado.

O juiz interrompeu o julgamento por cinco dias para que o novo advogado de Marco Polo tivesse tempo para estudar o processo, preparando as suas alegações finais. Nessas alegações, ele tentaria demonstrar a inocência do réu ou mostrar que não havia provas suficientes para condená-lo, muito embora os indícios fossem contundentes contra o réu. Na realidade, não havia muito a fazer, pois a fase processual em que as testemunhas deveriam ser ouvidas já havia terminado e elas não poderiam ser reinquiridas, a não ser diante da existência de fatos novos.

Ao ler e reler os autos do processo, ao estudar os depoimentos de todas as testemunhas, o Dr. McMeel vislumbrou um fato inédito não explorado pela defesa. O novo defensor observou uma contradição entre o depoimento de Lisa e o de Marco Polo em relação à convocação dos jornalistas. Ela afirmara que os jornalistas haviam comentado que fora Marco Polo quem marcara a entrevista coletiva em seu consultório. Entretanto, em seu depoimento, o psiquiatra negara veementemente esse fato.

Diante disso, o Dr. McMeel solicitou ao magistrado que oficiasse às empresas de televisão e imprensa escrita para que verificassem em seus registros e históricos quem tinha sido o autor da solicitação da entrevista. Requereu, ainda, a quebra de sigilo telefônico das linhas particulares e profissionais do Dr. Marco Polo, a fim de averiguar o destino de seus contatos telefônicos nos 90 dias que antecederam os fatos.

Com as respostas enviadas, constatou-se que não havia sido identificado o autor da solicitação e que nos registros das empresas de telefonia nenhuma das linhas telefônicas de Marco Polo tinha contatado qualquer empresa de mídia.

O fato, até então inexplorado, tornou-se um forte motivo para que algumas testemunhas que com ele se relacionavam fossem novamente ouvidas. Os repórteres e fotógrafos foram mais uma vez intimados a testemunhar. Quando o novo defensor os questionou, eles confirmaram que viram Lisa abaladíssima, rubra, com a roupa rasgada e o tórax arranhado. Disseram que o Dr. Marco Polo a segurava fortemente, deixando marcas em seus braços, e, aos gritos, ela dizia que ele tentara agarrá-la.

Atuante e fiel à sua consciência, o Dr. McMeel, enquanto inquiria as testemunhas, fez alguns questionamentos:

– Como pode alguém ter a coragem de violentar uma vítima sabendo que há pessoas na sala de espera? Isso é muito estranho! – Olhou para os jurados e indagou: – Quem marcou essa entrevista coletiva?

As respostas dos jornalistas eram sempre as mesmas:

– Segundo nos disseram, o próprio Dr. Marco Polo.

Analisando os depoimentos colhidos nos testemunhos na audiência e diante dos documentos novos que instruíram o processo, o magistrado decidiu convocar Elizabeth como testemunha do julgamento.

Na sessão pública marcada especificamente para ouvir Elizabeth, ela, ao ser inquirida, afirmou que durante o prolongado contato que tivera com o Dr. Marco Polo observara que, apesar de lutar pelos direitos das mulheres, ele só falava com a imprensa em casos estritamente importantes para o movimento, e somente quando procurado. Diante disso, o Dr. McMeel expressou:

– Parece estranho que o réu, que não possuía apreço por entrevistas, tenha marcado uma entrevista coletiva. Mais estranho ainda é ter marcado uma entrevista coletiva em seu consultório numa data específica e ter escolhido esse momento para atacar sua vítima. Os predadores são violentos, mas não burros – proclamou alto, procurando alcançar o imaginário dos jurados.

O argumento do Dr. McMeel era razoável, mas não conseguia descaracterizar a força das testemunhas que flagraram Marco Polo num ataque brutal a Lisa. O corpo de jurados não estava plenamente convencido de que o Dr. Marco Polo não era afeito a dar entrevistas. Essa reação poderia ser apenas uma jogada de marketing pessoal. Além disso, Lisa não tinha nenhum antecedente que a mostrasse como uma doente mental, sujeita a crises histéricas e capaz de, num delírio, dizer coisas irreais. Nos últimos tempos, ela estava apenas com uma leve depressão devido à sobrecarga de estresse. Sempre fora uma profissional coerente, inteligente, socialmente admirada e dosada em seus comportamentos.

O julgamento entrou em sua última fase. Começaram as deliberações finais. A promotoria e a defesa exporiam seus argumentos para persuadir os jurados. O promotor estava convencido de que Marco Polo permaneceria preso por seu ato criminoso. Projetando sua ira no réu, usou sua brilhante eloquência para esfacelar a moral de Marco Polo e qualificá-lo como o mais crápula dos homens, o mais perigoso dos seres.

– Este homem é um psicopata assombroso! Iludiu milhões de mulheres dizendo que lutava por sua causa – falava olhando nos olhos dos jurados. E continuou: – Usou sua profissão para executar suas perversões sexuais. Como pode um médico que jurou ética atacar mulheres indefesas? Uma pessoa que procura um psiquiatra o faz porque está sofrendo intensamente. Ela está desprotegida e espera encontrar um profissional da mais alta confiança para contar seus segredos. E o que a delicada Lisa encontrou? – O promotor fez uma pausa e, aos brados, afirmou para os jurados: – Um monstro! Um criminoso frio e calculista. Já pensaram nas sequelas psicológicas que Lisa terá?

O psiquiatra apaixonado pela humanidade foi descrito como

um verme pela promotoria. Enquanto sua identidade era atirada ao chão e sua personalidade pisoteada, ele pensava nas pessoas profundamente feridas e abatidas de quem ele cuidara atenciosamente. Essas lembranças ocupavam o palco da sua mente, e lágrimas ocupavam o palco dos seus olhos. Desse modo, viveu o momento mais triste da sua vida. Falcão, Anna e as mulheres do comitê sentiam os golpes recebidos por Marco Polo. Finalizando seu debate, o promotor foi ainda mais cortante:

– Eis aqui um predador sexual em carne e osso! Ele desonrou a nobre medicina! Desonrou seus pacientes e desonrou a sociedade. Ontem foi Lisa, amanhã poderão ser suas filhas. Os fatos não mentem! Por isso esta promotoria está convencida de que esse maníaco sexual deve ser condenado!

Após as arrasadoras alegações finais do promotor, a defesa iniciaria suas últimas considerações. No dia anterior, Marco Polo tivera uma conversa franca com o Dr. McMeel sobre o seu futuro. Chocou-o com essas palavras:

– Sei que minha imagem já está estilhaçada e será ainda mais dilacerada pela promotoria. Tenho consciência de que minhas chances são mínimas no julgamento. Entretanto, ninguém pode encarcerar minha emoção, se eu não permitir. Resolvi ser livre dentro de mim, mesmo que vá para uma prisão. Resolvi também usar as suas palavras finais mais em favor da luta pelas mulheres e adolescentes do que em meu favor.

Como Marco Polo não poderia fazer sua autodefesa, pediu que o Dr. McMeel fosse seu porta-voz não apenas diante dos jurados, mas diante das câmeras de televisão e de um batalhão de repórteres. Juntos, elaboraram um plano de defesa. Para espanto do defensor, o psiquiatra pediu que não atacasse a moral de Lisa.

O Dr. McMeel entrou em cena. Com voz vibrante, disse que, à exceção de Lisa, todos os pacientes elogiavam a sensibilidade, a inteligência e a ética do Dr. Marco Polo.

– Como pode um homem que leva seus pacientes a se apaixonarem pela existência ser considerado um psicopata? O seu currículo acadêmico e de vida depõem a seu favor.

Em seguida, contou alguns projetos de Marco Polo que poucos conheciam. Disse que o Dr. Marco Polo treinava gratuitamente professores para fazer da sala de aula um canteiro de inteligência e não de estresse. Estimulava os mestres a formarem pensadores e não repetidores de informação. Treinava psicólogos a explorarem as riquezas insondáveis que se encontravam submersas nos escombros das pessoas psiquicamente doentes. Desenvolvia programas contra o abuso sexual na infância. Após esse relato, o defensor se aproximou dos jurados e indagou:

– Que psicopata consegue nutrir a inteligência de educadores contribuindo para formar pensadores? Que psicopata tem afetividade e capacidade para ajudar as crianças contra a ação de outros psicopatas? Senhores jurados, há um odor estranho no ar. Um complô misterioso contra o meu cliente. – A plateia fez um silêncio inédito num tribunal.

O público agitava-se com a instigante eloquência do defensor. Falcão se contorcia na cadeira como se quisesse participar do debate. De maneira emocionante, o Dr. McMeel começou a falar sobre os motivos pelos quais seu cliente estava sentado no banco dos réus. Contou uma história extremamente triste para ilustrar a arquitetura dos seus pensamentos:

– Na década de 1970 houve uma ditadura comunista no Camboja que dizimou 20% da sua população. Essa tranquila e pacata nação budista experimentou uma das maiores atrocidades da história, orquestrada pelo ditador Pol Pot. Fecharam-se escolas, assassinaram crianças, adolescentes, adultos e idosos das formas mais brutais. Bebês foram atirados nas copas das árvores e perderam suas vidas. Mulheres foram mutiladas com facões e depositadas em valas comuns.

Milhares de espectadores que acompanhavam ao vivo o julgamento de Marco Polo ficaram comovidos com as palavras do Dr. McMeel, mas não sabiam aonde ele queria chegar. Em seguida, o defensor olhou para a câmera de TV e adicionou:

– Enquanto o povo passivo do Camboja era dizimado impiedosamente por uma das mais atrozes ditaduras, os grandes líderes das nações dormiam tranquilos e alienados. A Organização das Nações Unidas não reagiu com veemência na época. Pior ainda, quando o ditador Pol Pot foi deposto, a ONU garantiu na organização o assento desse ditador por dez anos. Dá para acreditar nessa atitude? Isso equivaleria a ter mantido Hitler como líder da Alemanha por dez anos após o término da Segunda Guerra Mundial, e Pol Pot não foi menos cruel do que Hitler. Os líderes das nações viveram uma amnésia coletiva inaceitável e injustificável naquele cruel período. Sob seus olhos ocorreu uma das maiores calamidades humanas.

O promotor olhou furtivamente para Marco Polo e depois para o Dr. McMeel, desconfiando do objetivo deles. No entanto, não podia fazer mais nada. O defensor continuou a tecer seus argumentos. Movimentou-se em direção aos jurados, fitou suas faces e expressou:

– Senhores e senhoras, uma outra ditadura gravíssima tem penetrado no tecido da alma humana e feito em todo o mundo centenas de milhões de vítimas. Só que nessa ditadura não se mata o corpo, mata-se a felicidade, assassina-se a tranquilidade, amordaça-se a liberdade de fazer escolhas. As sociedades de consumo têm orquestrado um processo de exclusão que vem destruindo o direito de as pessoas se sentirem belas, aceitas, atraentes, queridas, amadas. Só para vocês terem uma ideia, mais de 100 milhões de crianças e adolescentes nas escolas de todo o mundo são humilhadas e rejeitadas por causa da anatomia do seu corpo. Podem imaginar a dor que elas experimentam?

Na sequência, o defensor apontou o Dr. Marco Polo como uma das grandes vozes contra essa cruel discriminação. De repente, os olhos do Dr. McMeel começaram a ficar úmidos. Foi a primeira vez que ele chorou num tribunal. Num clima de sensibilidade e comoção, contou a história de sua filha. Rosie incentivara seu pai a torná-la pública.

– A ditadura da beleza invadiu sorrateiramente minha casa e atingiu minha querida filha Rosie. Ela não tinha a beleza padronizada pela mídia, mas era belíssima. Por ser gordinha, alguns dos seus colegas de classe zombavam dela. Pouco a pouco minha filha começou a rejeitar seu corpo e a bloquear seu apetite. A desnutrição se tornou maligna. Eu implorava para que comesse, mas Rosie trancava a boca. Enquanto minha filha morria fisicamente, eu morria emocionalmente. Tornei-me um pai frustrado, falido, sem esperança. Tinha tudo e não tinha nada. Lembro-me de que daria tudo o que havia conquistado, dos títulos acadêmicos aos meus bens materiais, em troca da saúde dela. Eu poderia ser um mendigo, desde que minha filha não morresse. Eu me sentia o mais infeliz dos homens.

Em seguida, disse que a anorexia nervosa da filha levou-a a perder quase 40 quilos. Corria gravíssimos riscos de ter falência múltipla de órgãos. Foi internada dez vezes. Quando ele pegava seu corpinho magérrimo para levá-la ao hospital e os ossos dela pressionavam sua pele, entrava em desespero e começava a ter ódio do sistema que vendia um padrão psicótico de beleza, que classificava seres humanos de extraordinária inteligência e qualidade humana unicamente pela estética, como animais, avaliando pelas curvas do corpo e não pela grandeza da personalidade.

O Dr. McMeel comentou que felizmente, graças ao tratamento do Dr. Marco Polo, pouco a pouco Rosie superou uma das piores prisões do mundo. Enquanto o defensor discursava, várias pessoas na plateia e em casa se emocionavam. O defensor disse ainda que havia cerca de 3 milhões de pessoas com anorexia nervosa somente em seu país, um número de vítimas maior do que as que foram assassinadas no Camboja. Entretanto, mais uma vez, os líderes da sociedade, de políticos a empresários, estavam vivendo uma amnésia coletiva diante dessa dramática ditadura. O terror está próximo de nós, mas estamos dormindo. Em sequência, afirmou:

– Meu cliente foi golpeado, amordaçado, porque tem gritado contra essa ditadura. O sistema não quer vê-lo livre. Desde que o Dr. Marco Polo, seus amigos e principalmente as mulheres do comitê se levantaram contra o império da imagem padronizada, sofreram ataques e perdas. Todavia, milhões de mulheres têm resgatado seu prazer de viver, e milhares de suicídios e casos de anorexia e bulimia têm sido evitados.

Fixando os olhos nos jurados, disse:

– O Dr. Marco Polo relatou que Lisa sempre foi uma pessoa maravilhosa, uma grande amiga. Quando repentinamente ela começou a rasgar suas vestes em seu consultório e a arranhar o próprio corpo, ele pensou que ela estava tendo um surto psicótico. Então, segurou-a fortemente para que não se ferisse. Tinha medo de que ela se atirasse pela janela. Nesse momento, os jornalistas e fotógrafos entraram no consultório, e ela, aos gritos, o acusou. Lisa acusou um homem inocente.

Diante disso, o defensor, inspirando profundamente, terminou suas alegações finais:

– O Dr. Marco Polo assombrou-me ao dizer que, apesar de estar preso por um crime que não cometeu, ele é livre no único lugar onde não admite ser um prisioneiro: na sua própria consciência. Independentemente do seu destino neste julgamento, ele pediu para suplicar às mulheres de todo o mundo para não desistirem dessa luta. Vale a pena investir na vida. Eu concluo afirmando que o Dr. Marco Polo é um ser humano de rara sensibilidade e sabedoria. Ele não deveria ser condenado, mas aplaudido por esta corte.

As pessoas de fato aplaudiram. O juiz, perturbado com essa reação, pediu silêncio. Em seguida, fez um recesso para os jurados se reunirem e votarem.

Capítulo 19

Nos últimos dois meses, antes de acusar Marco Polo, Lisa estava angustiada e com dificuldades financeiras. O dinheiro que ganhava com os artigos internacionais não era suficiente para pagar as contas. Logo que se desligou do comitê, alguns grandes empresários se aproximaram dela. No começo, como predadores disfarçados, eles aparentemente defendiam a causa das mulheres.

Quando conquistaram sua confiança, eles fizeram uma maquiavélica proposta. Ofereceram-lhe 2 milhões de dólares, uma quantia que ela precisaria trabalhar quase quarenta anos para ganhar, para ajudá-los a expulsar Marco Polo do movimento. Além disso, ofereceram-lhe o cargo de diretora editorial de uma revista de interesse geral. Ela resistira inicialmente, achando absurda a proposta, mas, em vez de se levantar e sair, os ouviu. Eles insistiram dizendo que a presença de Marco Polo era um câncer para o movimento, que ele manipulava as mulheres e buscava autopromoção. No fundo, Lisa sabia que esses argumentos eram falsos, mas uma pessoa ambiciosa ouve o que deseja ouvir.

Percebendo que ela fora seduzida, relataram-lhe o plano. Disseram que bastava ela ter uma crise no consultório do psiquiatra, acusando-o em seguida de tentativa de estupro. Segundo eles, algumas pessoas disfarçadas de jornalistas testemunhariam a cena, mas jamais haveria um escândalo na imprensa. Marco Polo seria obrigado, ante a ameaça de denúncia pública, a afastar-se do movimento. Garantiram que a imagem de Marco Polo seria preservada, mas mentiram para ela. Os jornalistas eram reais e não sabiam que haviam sido envolvidos na abominável trama. Assim, Lisa traiu seu amigo e foi traída pelos que a contrataram.

Durante todo o julgamento, ela pensava dia e noite no que havia feito. Esmagada pela culpa, desejava em alguns momentos contar a verdade, mas as notícias tinham ido longe demais. Não havia como retornar. Livrar Marco Polo destruiria sua vida. Porém, no final do julgamento, começou a entrar em profunda crise. Dois fatos contribuíram para isso.

O primeiro ocorreu quando foi visitar Nicole, que também era sua amiga. Quando a foto da modelo saíra na capa da *Mulher Moderna* fazendo as vendas despencarem, ela ficou abalada e ameaçou novamente se isolar em seu quarto. Porém, reergueu a cabeça e começou um tratamento com Marco Polo, que a estimulou a não ser escrava da opinião dos outros, a resgatar a autoestima e a ter a coragem de mostrar sua cara ao mundo. Entretanto, quando Marco Polo foi tachado de maníaco sexual, Nicole deprimiu-se, perdeu a confiança nele e em si mesma. Como não estava suficientemente estruturada, recolheu-se novamente ao calabouço do seu quarto. Lisa compreendeu, assim, a gravidade das consequências que sua atitude provocara.

O segundo impacto se deu quando abriu a caixa de entrada dos e-mails do comitê, que havia dois meses não acessava. Quando era secretária do comitê, e mesmo semanas depois de deixar o cargo, recebia milhares de emocionantes mensagens de pessoas de todas as idades dizendo que tinham perdido a vergonha de si mesmas e voltado a acreditar na vida. Algumas, que estavam muito doentes, se motivaram a procurar tratamento psiquiátrico e psicológico. Ler essas mensagens irrigava o ânimo de Lisa.

Entretanto, ao ler os novos e-mails escritos depois do escândalo, começou a suar frio, ficar ofegante e trêmula. Algumas pessoas diziam que tinham perdido a fé na vida. Outras interromperam o tratamento com seus psiquiatras, pois deixaram de confiar neles. Pais escreveram desesperados dizendo que seus filhos começaram a desenvolver fobia social, não saíam mais de casa, só conseguiam fazer amizades virtuais. Inúmeras pessoas comentaram que voltaram a se sentir excluídas e discriminadas. Algumas chegaram a dizer que não valia a pena viver.

As noites maldormidas de Lisa se converteram em insônia. Suas crises aumentaram intensamente. Nunca se esquecera de uma frase do próprio Marco Polo: "Quem não é fiel à sua consciência tem uma dívida impagável consigo mesmo." Sua dívida era altíssima. Ela estava encarcerada pela culpa. Poderia usar seu dinheiro para fugir do país, mas jamais conseguiria fugir de si mesma. Atormentada, não conseguia mais olhar no espelho da própria alma.

∼

Os sete jurados estavam reunidos para discutir se o réu era ou não culpado. Apesar da emocionante argumentação do defensor, estavam propensos a condenar Marco Polo em virtude das provas relevantes contra ele.

Subitamente, chegou às mãos do promotor um papel. Ele não se sentiu motivado a lê-lo, estava apenas interessado na votação dos jurados. Todavia, ao passar os olhos sobre o conteúdo, começou a entrar em pânico. Seu coração palpitante parecia prestes a sair pela boca. Esfregou as mãos nos olhos para verificar se o que estava lendo era real ou pura miragem.

Entregou o documento ao magistrado, que ficou igualmente chocado. Sua reação foi imediata. Interrompeu a votação dos jurados e marcou uma nova audiência para ler o documento publicamente. No outro dia, o inesperado aconteceu. O juiz leu o documento: era uma carta de Lisa inocentando o Dr. Marco Polo.

Lisa teve a coragem de estar presente no momento dessa leitura. Na carta, ela confessava toda a trama orquestrada para condenar Marco Polo. Todos ficaram perplexos.

Diante da confissão da vítima, a rainha de todas as provas, o promotor pediu desculpas ao réu pelo equívoco cometido e pelas palavras que proferira. Pediu sua absolvição.

A traição é o maior golpe que uma pessoa pode receber. Só os amigos traem, e só eles podem consertar o estrago dessa traição. Judas tentou consertar sua traição ao jogar as moedas de prata aos pés dos fariseus, mas não teve a coragem de se declarar culpado e de se prostrar diante do seu Mestre e pedir desculpas. Lisa foi mais digna no caos dos seus erros.

O juiz, abalado, encerrou o julgamento. Lúcio Fernandes e alguns empresários presentes saíram apressadamente do tribunal. Anna, aos prantos, correu e abraçou longamente Marco Polo. Falcão e cada uma das mulheres do comitê também o abraçaram e se solidarizaram com seu grande amigo. A plateia ficou agitadíssima e profundamente comovida.

Em seguida, num gesto sublime, Marco Polo enxugou os olhos, procurou os de Lisa e, ao encontrá-los, meneou suavemente a cabeça dizendo, entre lágrimas: "Eu a compreendo. Para mim, você ainda é uma mulher encantadora." Ela nunca recebera um olhar tão afetuoso e generoso.

No dia seguinte, Marco Polo pediu ao Dr. McMeel para defender Lisa e disse que queria ser sua testemunha de defesa. Lisa recebeu o benefício da delação premiada e, por colaborar com a justiça, teve a pena diminuída. Denunciou dez executivos que elaboraram o plano para acusar Marco Polo. Dessa forma, a sociedade ficou sabendo que homens inescrupulosos queriam implodir a luta das mulheres.

O Dr. McMeel e alguns advogados de outras nações começaram a ser contratados pelo comitê e por uma série de instituições que lutam pelos direitos humanos para processar empresas que discriminavam as mulheres e destruíam a infância e a ingenuidade de crianças e adolescentes ao vender, usar e manipular deslavadamente o estereótipo da beleza. A humanidade começou a ficar mais bonita, pois as pessoas começaram a se sentir mais belas.

O comitê atravessou o mais angustiante inverno num tribunal e no mesmo tribunal viu florescer a mais fascinante primavera.

∽

Um mês depois, Marco Polo e Falcão viajaram para a Inglaterra para mais uma conferência, a primeira após Marco Polo sair da prisão. Havia mais de mil participantes, dos quais trezentos eram jovens líderes de movimentos europeus e de outros continentes. A injustiça contra Marco Polo incendiara o movimento, que já tinha conquistado a adesão de milhões de adultos e jovens, tanto mulheres como homens.

A plateia estava animada com a presença dos dois pensadores, e suas falas eram ansiosamente esperadas. Rosie, Sarah, Anna, Elizabeth e as demais dirigentes do comitê ocupavam a primeira fileira. O evento foi aberto com um show comovente. Um grupo de adolescentes portadoras de síndrome de Down apresentou um espetáculo teatral. Seus movimentos eram suaves como os de cisnes bailando sobre as águas. Ao vê-las, a ansiedade se transformava em euforia, a angústia se convertia em júbilo. Ao final da dança, elas se colocaram de pé e, apontando as mãos graciosamente para seus corpos, passavam ao público esta mensagem:

"Vejam nossos olhos! Vejam nossas orelhas! Vejam nossas faces! Vejam nossas bocas! Vejam como somos lindas! Sim! Somos belas. Somos únicas! Somos seres humanos!"

A plateia, profundamente sensibilizada, as aplaudiu de pé.

Após receberem os aplausos, as próprias adolescentes anunciaram Marco Polo e Falcão. Eles subiram no palco e beijaram, abraçaram e agradeceram uma a uma.

Motivados e inspirados, os dois amigos proferiram a mais brilhante conferência de suas vidas. No final, transformaram o drama em sátira, a dor em alegria. Abordaram assuntos de extrema seriedade de uma forma suave e agradável.

– Quando as mulheres pegam uma revista e veem que seu corpo não é igual à foto da modelo, elas sentem raiva – disse Marco Polo.

Ele continuou dizendo que, em vez de fecharem a revista, as mulheres são perseverantes e a folheiam até o fim. E, revendo conceitos, disse que o registro na memória humana é automático e involuntário. Depois de centenas de imagens registradas, forma-se uma janela killer que contém uma imagem doentia e distorcida do belo. Depois de se exporem a milhares de outras imagens de pessoas com beleza incomum, advindas da televisão, cinema e comerciais, forma-se um padrão doentio no inconsciente. Esse padrão torna-se uma zona de conflito que controla a emoção, gera ansiedade, insatisfação, contração da autoestima, preocupação excessiva com a própria imagem, rejeição por alguma área do corpo. Todos esses são sintomas da síndrome do padrão inatingível de beleza.

Ao ouvir essas palavras, Falcão entrou imediatamente em cena e brincou:

– Quando essas zonas de conflito estão formadas, as mulheres chegam diante dos espelhos e perguntam: "Espelho, espelho meu, existe alguém com mais defeitos do que eu?"

A plateia caiu na gargalhada. Em seguida, Marco Polo acrescentou algo que alertou as mulheres:

– Em todo o mundo, por não conhecerem o funcionamento da mente, as mulheres estão matando seus romances. Elas chegam diante dos seus parceiros e afirmam: "Querido, veja como meu culote está horrível!" Mas a maioria dos homens nem sabe o que é culote!

As mulheres morreram de rir. Falcão tomou a frente e, novamente em tom de brincadeira, deu outro exemplo:

– Há mulheres que parecem fazer propaganda das suas estrias. Chegam diante dos parceiros e alardeiam: "Veja, estou cheia de estrias!" Mas para os homens suas estrias são tão belas quanto o mapa do pantanal brasileiro.

As mulheres olhavam umas para as outras sem conter o riso. Marco Polo acrescentou, agora com seriedade:

– Tive um paciente que construiu um grande edifício todo de tijolos aparentes, mas um bendito tijolo ficou mal posicionado. Sabem qual era o único tijolo que ele conseguia ver naquele belíssimo edifício? – perguntou, instigando a inteligência dos presentes.

A plateia respondeu em peso:

– O mal posicionado.

Após a resposta, perceberam aonde Marco Polo queria chegar. O psiquiatra deu-lhes uma lição inesquecível:

– Quando vocês, mulheres, fazem propaganda de uma área do seu corpo que rejeitam, que tipo de janelas vocês plantam na memória da pessoa que amam?

– Killer – responderam, meneando a cabeça, conscientes dos erros que cometiam.

– Muito bem. Por isso, ela passa a dar importância àquilo que antes não era essencial. Os defeitos que vocês acham que possuem, e que frequentemente não são defeitos, passam a ser observados por ela, e isso acaba incomodando vocês ainda mais. E esse mal-estar muitas vezes desgasta o relacionamento.

Falcão disse mais uma vez a frase que era o símbolo do movimento, mas desta vez pediu que a plateia a repetisse:

– A beleza está nos olhos de quem vê. – Os homens da plateia também a recitaram, porque muitos tinham transtornos da autoimagem. O filósofo acrescentou: – Extraiam esse câncer emocional da sua mente. Elogiem seus filhos desde a mais tenra infância. Façam com que eles critiquem o padrão torturante de beleza propagado por alguns setores da mídia. Elogiem a sua beleza física e intelectual! Ressaltem a beleza dos seus alunos, dos colegas de trabalho e, neste momento, de quem está ao seu lado.

As pessoas olharam umas para as outras e se elogiaram alegre e espontaneamente. Depois que a plateia se aquietou, Marco Polo aproveitou para mostrar que, a não ser que haja um trauma ou uma degeneração cerebral, não é possível deletar os arquivos na memória humana, como facilmente se faz nos computadores. Por isso é tão fácil perpetuar os conflitos e levá-los para os nossos túmulos. Disse ainda que só é possível reeditar esses arquivos.

Estimulou os presentes a usarem a arte da dúvida e da crítica para reeditar o filme do inconsciente. Os dois pensadores acharam necessário divulgar a ciência nesta conferência para estimular a consciência crítica e dar ferramentas para que as pessoas pudessem construir a própria história. Em seguida, Marco Polo explicou:

– A dúvida é o princípio da sabedoria na filosofia. Ninguém pode abrir o leque da inteligência e se tornar um sábio sem usar a arte da dúvida. Duvidem de tudo aquilo que os controla, duvidem do sistema que impõe um padrão de beleza. A crítica é o princípio da sabedoria na psicologia. Critiquem a passividade do eu, a ditadura da imagem, gerenciem seus pensamentos. Determinem estrategicamente que serão atrizes ou atores principais do teatro da sua mente.

Marco Polo abordou algumas pesquisas que demonstram que a maioria das mulheres está insatisfeita com o próprio corpo, sejam ou não modelos. Por isso, era difícil alguém conseguir escapar da loucura do falso ideal de beleza das sociedades de consumo. Mulheres e homens precisavam ter a convicção de que não existe beleza perfeita. Toda beleza é imperfeitamente bela. Jamais deveria haver um padrão, pois toda beleza é exclusiva como um quadro de pintura, uma obra de arte.

Inspirado por Marco Polo, Falcão novamente falou com humor. Disse que as mulheres deveriam reeditar as janelas doentias que tinham plantado em seus parceiros. Instruiu:

– Durante todo o relacionamento, olhem em seus olhos e digam estas palavras: *Eu sou bonita, inteligente, maravilhosa, e você faz um grande negócio vivendo comigo.*

Ao recitarem essas palavras, as mulheres riram de tal forma que não conseguiram ir até o fim da frase. Elas aplaudiram os dois conferencistas entusiasticamente. Entenderam que deveriam mudar seu estilo de vida, que jamais deveriam fazer propagandas dos seus defeitos imaginários. Ao contrário, numa sociedade que massacra a autoestima, deveriam exaltar seu encanto, sua inteligência.

Guiado por intensa emoção, Marco Polo se aproximou mais do público, fitou a plateia como se estivesse fitando todas as mulheres do mundo e fez um comentário que as comoveu intensamente:

– Não há muitos relatos na história de mulheres torturando homens, mas há inúmeros relatos de homens torturando mulheres. Não há muitos relatos na história de mulheres controlando, silenciando, apedrejando, queimando e mutilando homens, mas há milhares de relatos de homens cometendo as maiores atrocidades contra as mulheres em quase todas as sociedades. Os homens, sim, são o sexo frágil, pois só os fracos controlam e ferem os outros. A biografia masculina tem uma dívida incalculável com as mulheres.

Enquanto Marco Polo falava pausadamente, as mulheres foram envolvidas por uma aura íntima de luz e comoção. Na mente delas, mesmo das adolescentes, passava um filme de mulheres sendo queimadas, amordaçadas, apedrejadas. Sob o clima dessa aura, Marco Polo, o poeta da psiquiatria, afirmou solenemente:

— Vocês foram injustiçadas em muitos períodos pela estupidez, machismo e prepotência dos homens. E vocês cuidaram de nós carinhosamente, seja no seu útero biológico seja no útero social. Agora, novamente, vocês estão sendo maltratadas e controladas. Só que desta vez no cerne da sua psique. Não permitam. Vejam-se belas. Sintam-se belas. Não se comparem a ninguém. Tenham um caso de amor consigo mesmas. Pois sem a autoestima os homens se transformam em miseráveis, as mulheres não têm saúde psíquica e os jovens esfacelam o encanto pela existência.

E o pensador da psicologia finalizou sua conferência com brilhantismo:

— Queridas mulheres, vocês honram muito mais a espécie humana do que os homens. Eles falharam historicamente em liderá-la. Se vocês dominassem o mundo, a humanidade seria mais feliz. Se as mulheres fossem generais, não haveria guerras, pois vocês não enviariam seus filhos para os campos de batalha. Mas os homens, por muito pouco, os enviam. Por isso, de coração, em nome de todos os homens lúcidos desta Terra, eu gostaria de pedir desculpas por todos os males que fizemos a vocês ao longo da história. Obrigado por vocês serem mulheres.

As mulheres se levantaram e o aplaudiram vigorosamente. Algumas enxugavam os olhos com lenços, outras com as mãos, outras ainda com as mangas das roupas. Jamais foram tão exaltadas e com tanta justiça. Neste momento, Falcão se aproximou de Marco Polo, colocou-se ao seu lado e, como um artesão da emoção, deu o fecho final à conferência:

— Muitos se dobram aos pés de reis devido à sua força. Outros se curvam diante de celebridades devido à sua fama. Mas neste momento eu quero me curvar diante da plateia e diante de todas as mulheres do mundo. Pois, sem as mulheres, nossos céus não teriam estrelas, nossas manhãs não teriam orvalho, nossas primaveras não teriam flores. Sem as mulheres, a alma masculina não possuiria sensibilidade, nossa inteligência não teria sabedoria, nossa emoção não teria poesia. As mulheres são obras-primas de Deus. Muito obrigado por vocês existirem.

Todos os presentes choraram. Cada gota de lágrima que derramaram era uma homenagem à coragem, ao encanto e à beleza indecifrável de cada mulher que viveu e vive no misterioso palco desta Terra.

Agradecimentos

Agradeço a todas as instituições e profissionais da psiquiatria, psicologia e de outras áreas que têm investido seu tempo e sua inteligência nas mais diversas nações para cuidar da saúde psíquica do ser humano, em especial de mulheres, adolescentes e crianças. Quando cuidamos dos sofrimentos dos outros, é mais fácil superar os nossos, pois a vida fica mais suave.

Agradeço ainda a algumas instituições, cientistas e profissionais, dos quais utilizei alguns dados para escrever este livro: *The British Journal of Psychiatry*, American Psychiatric Association, Universidade Harvard, Mental Health Foundation, Ambulim (Ambulatório de transtornos alimentares da USP – Universidade de São Paulo), empresa StrategyOne, Instituto Academia de Inteligência, Instituto DataStore, Dra. Nancy Etcoff, Anne E. Backer, Rebecca A. Burwell, David B. Herzog, Dr. Salem Cury. Parabenizo também todas as empresas que estão começando a se levantar contra a ditadura da beleza; entre elas cito o grupo Unilever (marca Dove), Natura e Avon.

Agradeço também a todos os meus pacientes. Não só tive a oportunidade de ajudá-los como aprendi com eles a ser um viajante nas trajetórias do meu próprio ser e a descobrir que ninguém é digno da sabedoria se não usar suas lágrimas e dificuldades para irrigá-la.

Agradeço especialmente a sensibilidade e generosidade das quatro mulheres da minha vida: a Suleima, minha esposa, e às minhas três filhas: Camila, Carolina e Cláudia. Elas encantam a minha existência e me ensinam a ser apaixonado pela vida.

CONHEÇA OUTROS LIVROS DO AUTOR

O homem mais inteligente da história

"O psiquiatra Marco Polo é um cientista respeitadíssimo, especialista no funcionamento da mente e autor do primeiro programa mundial de gestão da emoção.

Quando vai a Jerusalém participar de uma reunião na ONU, é desafiado a estudar a inteligência do homem mais famoso da história: Jesus. Mas ele é um dos maiores ateus da atualidade e se recusa a fazê-lo. Todavia, a plateia de intelectuais o instiga a realizar essa empreitada.

Depois de muita resistência, Marco Polo aceita o desafio. Monta uma mesa-redonda composta de brilhantes profissionais para analisar a mente de Jesus sob os ângulos da ciência e não da religião. Ele parte em uma jornada épica para saber se Jesus era um mestre em ter autocontrole, gerir sua emoção, trabalhar perdas e frustrações, libertar sua criatividade, contemplar o belo e formar pensadores.

Marco Polo esperava encontrar um homem comum, sem grandes habilidades intelectuais, mas pouco a pouco fica abalado e conclui que a mente do personagem mais conhecido da humanidade permanece um mistério, inclusive para os bilhões de pessoas que o admiram. Tanto as universidades como as religiões falharam em não estudar *o homem mais inteligente da história*.

Este romance é uma obra vital para a minha carreira. Fruto de 15 anos de estudos e pesquisas, é o primeiro volume de uma coleção que vai abalar nossas convicções."

Augusto Cury

O homem mais feliz da história

"Para o complexo homem Jesus, ser feliz não era estar alegre sempre, mas se reinventar na dor; não era ficar imune aos vales das frustrações, mas gerenciar seus pensamentos; não era deixar de atravessar crises, mas escrever os capítulos mais importantes da vida nos momentos mais difíceis de sua história.

O que você faz com suas dores e frustrações?

A grande maioria das pessoas falhou em desvendar os códigos da felicidade. Ricos quiseram comprá-la com seu dinheiro, mas ela bradou-lhes: 'Não estou à venda.' Celebridades quiseram seduzi-la com sua fama, mas ela soprou-lhes aos ouvidos: 'Me encontro nas coisas simples e anônimas.' Generais quiseram dominá-la com suas armas, mas ela expressou categoricamente: 'Sou indomável.' Jovens quiseram capturá-la com o prazer rápido, mas ela proclamou: 'Sonhos sem disciplina produzem pessoas frustradas, e disciplina sem sonhos produz pessoas fracassadas.'

Quem poderia imaginar que Jesus ensinava gestão da emoção para os humanos serem felizes? Quem poderia imaginar que ele chamou alunos que só lhe davam dores de cabeça – como o ansioso Pedro, o instável João, o paranoico Tomé, o corrupto Mateus – para esvaziarem seus egos, serem empáticos, líderes de si mesmos e pacificadores da própria mente e da dos outros?

Neste livro, Marco Polo se convence de que bilhões de pessoas que admiram Jesus desconhecem as ferramentas de gestão da emoção que ele amplamente usou. Eu fiquei abalado com todas essas descobertas.

Espero que você também se surpreenda com este romance psiquiátrico."

Augusto Cury

CONHEÇA OS LIVROS DE AUGUSTO CURY

FICÇÃO

Coleção *O homem mais inteligente da história*
O homem mais inteligente da história
O homem mais feliz da história
O maior líder da história
O médico da emoção

O futuro da humanidade
A ditadura da beleza e a revolução das mulheres
Armadilhas da mente

NÃO FICÇÃO

Coleção *Análise da inteligência de Cristo*
O Mestre dos Mestres
O Mestre da Sensibilidade
O Mestre da Vida
O Mestre do Amor
O Mestre Inesquecível

Nunca desista de seus sonhos
Você é insubstituível
O código da inteligência
Os segredos do Pai-Nosso
A sabedoria nossa de cada dia
Revolucione sua qualidade de vida
Pais brilhantes, professores fascinantes
Dez leis para ser feliz
Seja líder de si mesmo
Gerencie suas emoções

sextante.com.br